《经理人》杂志 著

总裁的日记

PRESIDENT DIARY

20位杰出的企业总裁群英聚首畅创业、守业、拓业的商业智慧，扭转败局的私家教案

北京联合出版公司
Beijing United Publishing Co.,Ltd.

图书在版编目（CIP）数据

总裁的日记 /《经理人》杂志著. -- 北京：北京联合出版公司, 2017.4

ISBN 978-7-5502-9789-0

Ⅰ.①总… Ⅱ.①经… Ⅲ.①企业管理—经验 Ⅳ.①F272

中国版本图书馆CIP数据核字（2017）第023969号

总裁的日记

作　　者：《经理人》杂志
出版统筹：精典博维
选题策划：曹福双　张艺琼
责任编辑：管　文
装帧设计：博雅工坊・肖杰　马延利

北京联合出版公司出版
（北京市西城区德外大街83号楼9层 100088）
北京雁林吉兆印刷有限公司印刷・新华书店经销
字数185千字　880毫米×1230毫米　1/32　8.25印张
2017年4月第1版　2017年4月第1次印刷
ISBN 978-7-5502-9789-0
定价：45.00元

目录

互联网企业篇

贾跃亭 / 鏖战云图 001

马化腾 / 争夺企业级市场是下一个大风口 033

李彦宏 / 百度正处旋涡中心 039

梁建章 / 携程在手，说走就走 045

周　晔 / 新金融必将“痛并成长着” 065

杨浩涌 / 创业要决胜“势能” 071

唐红浙 / 创新“互联网+教育”平台 077

黄大容 / 把客户的钱视为自己的钱 085

张　俊 / 消费金融目标 3 年 30 亿 091

刘积仁 / 一个主动暴露隐私的时代 097

王浩平 / 别耗费学习者的钱和时间 103

实体企业篇

王　石 / 褚时健为什么让我佩服 113
陈荣华 / 太阳雨，一个超级符号的态度 119
徐风云 / 自媒体，传统企业转型必备标配 145
刘立荣 / 差异化才是手机大战的生存之道 151
林正刚 / “被速成”的中国式经理人 157
季　琦 / 扩张不再是第一驱动力 183
陈玉东 / 工业 4.0 的中德合璧模式 193
唐　宁 / 弯下腰来做小微金融 199
杨定平 / 诚信是创业家的立身之本 205
杨红春 / 良品铺子要做“互联网 + 零食”业翘楚 211
刘若鹏 / 科技将开启新次元 223
李书福 / 草根创业永远是一种新经济力量 229
杨元庆 / 经济和分享从来都分不开 235

附 文

桥水基金：复制达里奥 243

百年西尔斯百货，十年衰亡路 253

互联网企业篇

贾跃亭
鏖战云图

贾跃亭 乐视控股集团创始人、董事长兼 CEO。致力于构建“平台 + 内容 + 终端 + 应用”的乐视生态系统，不断改变人们的互联网生活方式，打造高品质乐迷生活圈。2015 年 8 月，贾跃亭任酷派集团执行董事。2016 年 1 月，贾跃亭入围“2015 中国十大经济年度人物奖”。2016 年 8 月 5 日，贾跃亭获任酷派董事会主席及提名委员会主席。

自2015年12月5日停牌至2016年6月3日复牌的182天中，乐视网信息技术(北京)股份有限公司(以下简称“乐视”)实际控制人、第一大股东、董事长贾跃亭，不是活跃在经济论坛上，就是出现在融资或新业务、新产品的发布会上。

在此期间，贾跃亭大体做了两件事情：一是继续对公司业务进行拓展和无边界行动；二是公开挑战以马云为代表的BAT权威。

先看贾跃亭对公司的运作。2015年12月5日停牌不久，乐视就宣布以22.7亿港元(约合人民币18.75亿)入股TCL多媒体，成为后者的第二大股东。进入2016年后，乐视的动作更为频仍。3月，旗下的“乐视云”宣布完成A轮融资，此次融资由重庆战略基金领投，融资额为10亿元人民币，“乐视云”也由此成为全球云计算产业中首轮融资金额最大的公司；4月，旗下“乐视体育”宣布B轮融资，引入海航、体奥动力、中建投信托等机构，共融得资金80亿元；5月，又连续在影视、汽车和房地产领域出拳，先是以标的98亿元，拟增发股份和现金方式收购乐视影业100%股权，再是旗下乐视超级汽车完成首轮超50亿元的融资，投资方包括产业资本、知名投资机构、保险和基金等大型金融机构，同时，强势推出乐视首款LeSEE概念车；5月，又以29.72亿元人民币受让世茂股份旗下持有的“财富时代公司”及“新世纪公司”100%股权。贾跃亭正在将乐视演变成一个无行业边界，且极具想象力的“乐视帝国”。

相比2010年上市时的区区7.3亿元总市值，截至2016年6月3日，乐视的总市值足足翻了143倍有余，达到空前的1045.31亿元。以这样的成长速度，即使是BAT过往的增长轨迹，也难望乐视的项背，因此，描述乐视此前6年的成长，或只能用“疯狂”概之。

基于此前6年的财报，乐视的主营收入及归属母公司所有者的净利润，均呈现了陡式增长趋势，相比同样从视频业务起家，至今仍不能实现盈利的优酷土豆，乐视不仅远远甩开了对手，成为全球视频第一网站，而且随着其产业边界越扩越大，已经很难将其归属于单向的行业中。

贾跃亭的眼中，对手早已不是众视频网站，而是BAT。2016年互联网大会上，贾跃亭称“BAT垄断了整个互联网创业的资源，让其他人没法混”，此后在济南的一个论坛上，贾跃亭遭到马云的反问：“假如我们换一下，你是BAT的一家，你该怎么做才好？”贾跃亭先礼貌地表示“压力山大”，但随后就给了马云一击，“每个时代都会有一些代表性的、垄断社会资源的企业，如何能够突破上一个时代的企业的封锁，只需要做一件事情，判断下一个时代到底是什么，而不是在它们的延长线上去做创新，更不是依赖BAT的强大资源。”在与马云的较量上，贾跃亭表现得不卑不亢。

一个敢于主动“攻击”BAT的人，背后到底存在着什么样的力量？这种力量是否具有可持续的能力呢？

谜题

包括高华证券在内，多家证券公司出具的分析报告，对乐视的前景持乐观态度，并且对乐视提示“买入”评级，姑且不论这些分析是否真正具备投资参考，但均没有提及或有意避免对乐视“归属母公司所有者的净利润”的解析。而这一科目恰恰又是乐视这些年来形成盈利之谜。

以2015年财报披露为依据，乐视在合并利润表上显示的利润总额为0.74亿元，其扣减所得税费用－1.43亿元后，净利润为2.17亿元，根据会计准则，归属母公司所有者的净利润是净利润要再扣减少数股东损益，如果少数股东损益为正，归属母公司所有者的净利润将相应减少，反之，归属母公司所有者的净利润将增加。但是，纵观乐视上市以来，除2010年上市当年的少数股东损益为零之外，自2011年至2015年“清一色”为负，且呈现扩大趋势，数据分别为－0.002亿元、－0.042亿元、－0.226亿元、－2.35亿元、－3.56亿元，这些数据直接“增厚”了归属母公司所有者的净利润。

乐视归属母公司所有者净利润结构变化趋势

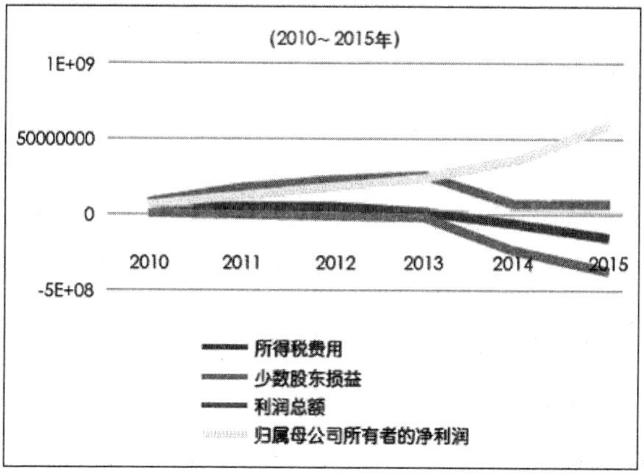

另外，从净利润和归属母公司所有者的净利润的曲线图对比，可

乐视净利润与归属母公司所有者净利润对比

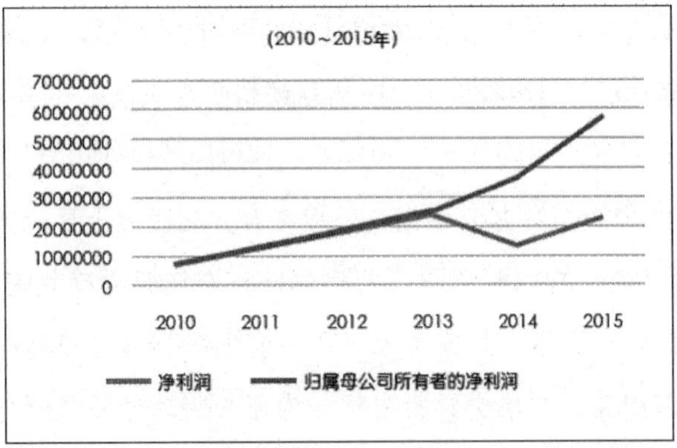

乐视子公司致新的运营状况

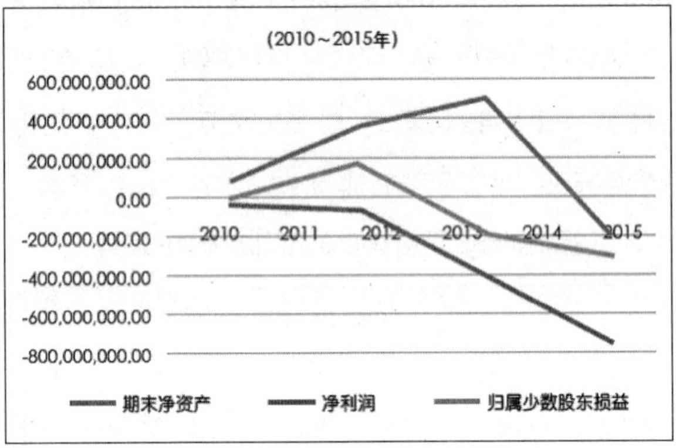

以清晰看到，乐视的净利润实际在1到2亿元的区间内波动，2013年到最高的2.32亿元后，第二年就出现44.40%的回落，2015年则再次回升。然而就是这三年，无论净利润回落或者再增长，其归属母公司所有者的净利润不受影响，始终保持上扬节奏。

由此可见，在多数上市公司中被忽略的少数股东损益科目，对乐视而言，成了影响归属母公司所有者净利润的重要调整杠杆。以

2014～2015年连续的两个财年为例：2014年，净利润实际为1.288亿元，但通过－2.35亿元少数股东损益科目的调整后，归属母公司所有者的净利润为3.64亿元；2015年，净利润实际为2.17亿元，但少数股东损益科目则被放至－3.56亿元，使得归属母公司所有者的净利润也由此攀升至5.73亿元。

利润表的"净利润"项下分"归属于母公司所有者的净利润"和"少数股东损益"，而少数股东损益到底是什么？是指公司合并报表的子公司其他非控股股东享有的损益，需要在利润表中予以扣除。账务处理上，如母公司产生1亿元利润，同时有一家控股60%的子公司也贡献1亿元利润，这样公司合并报表显示共有2亿元利润，但这2亿元并非全部归公司股东所有，还需划出控股子公司利润的40%，即4000万元分配给该子公司的少数股东，这样，公司全体股东享受分配的最终利润实际为1.6亿元。

由于上市公司对并表子公司的经营状况披露有限，但却可以从少数股东损益情况了解子公司的经营状况。在合并范围不发生变化的前提下，如果少数股东损益上涨，则反映子公司经营走好，如果少数股东损益下降了，则反映子公司经营不佳，分给少数股东的利润按比例下降。

可是，乐视自2011年出现少数股东损益具体数额时，不但是逐年下降，且一直呈负数，究竟什么原因会这样？只有股东权益在资不抵债的情况下才会出现负数。换句话说，乐视实际是有子公司出现了巨大亏损，这样的状态不仅在持续，而且公司似乎"有意"不采取任何的止损行动。那么，这些子公司究竟是谁？贾跃亭如何对少数股东解释并尽到权益保障义务呢？

野蛮人

乐视的少数股东损益连续5年出现增长性负数，究竟是财务问题，还是战略性设计呢？

先解构乐视出现少数股东损益的具体构成。根据2015年财报显示，构成少数股东损益负数的非全资子公司分别由乐视致新电子科技（天津）有限公司（以下简称“致新”）、乐视云计算有限公司、乐视网信息技术（北京）股份有限公司、乐视电子商务（北京）有限公司、乐视体育文化产业发展（北京）有限公司等五家公司构成，这些公司的少数股东持股比例分别为41.45%、49.00%、40.00%、70.00%、40.00%，而出现的少数股东损益分别为-3.028亿元、-51万元、-4011万元、-165万元、-1084万元。数据结论，在少数股东损益亏损最严重的当是致新，其占整个少数股东损益亏损比超过85%。

致新是洞悉乐视少数股东损益问题的咽喉。其实，自致新2012年出现在乐视旗下后，就一直未实现盈利，且亏损面逐年增大。到了2014年，该公司少数股东损益出现负值为-1.87亿元，占当年少数股东损益亏损比为79.6%，这一经营负面情况在2015年不但没有被刹住，反而越亏越大，且净资产正式进入负值。

致新是乐视的战略子公司。根据乐视2012年财报披露，致新基于公司董事会在当年9月18日通过的《进军电视机市场，推出自主品牌电视机的议案》而成立。其在当年11月完成首轮私募融资，成功引入创新工场作为战略投资方后，乐视方面进行了控股，比例为

70.56%。其经营主打乐视TV的产品研发、设计、运营及销售等互联网电视业务。根据乐视披露，“生产乐视TV的各终端产品不仅限于乐视盒子以及超级电视均将由世界级最顶尖的科技服务商富士康提供全套解决方案”。在战略上，乐视提出“把电视机从一个纯粹观看的产品提升为大幅改善生活品质的产品，引领电视从一个显示屏的时代进入一个处理器的时代”。

陷入亏损的致新之于乐视而言，既有战略上的勾稽关系，也涉及交叉股权和利益的勾稽关联。

先看战略及实施效果。从乐视本身的战略上，有一张很清晰的生态链云图（见下文），在该云图中，“终端”是乐视的四大核心业务之一，而致新主要业务中的乐视TV——又称“乐视超级TV”，恰恰是乐视“终端业务”收入来源的主要贡献端。根据2015年财报，乐视“终端业务”收入为60.88亿元，占整体营业收入高达46.78%，作为其子公司的致新，2015年营业收入为86.92亿元，也就是说，致新实际承担了乐视“终端业务”大部分收入来源。

通过致新生产和销售“乐视超级TV”，乐视不仅如期完成2015年300万台的年销量目标，也为自己制订2016年600万台年销量目标奠定了基础。

“乐视超级TV”的大卖，到底有什么秘诀？乐视靠的是两招：第一是做“价格屠夫”；第二是卖彩电送会员（影视内容）服务，或者卖会员（影视内容）服务送电视机。

以“乐视超级TV X65”产品为论，该产品是65英寸4K的超高清电视机，市面最低价都在6000元以上，而乐视则以4999元击穿市场价格底线，除此，在其他系列产品上，通过卖彩电送会员（影视内容）服务和卖会员（影视内容）服务送电视机的两项营销，在全渠道交错铺开。乐视对当下年轻的消费者很清楚，他们不会像老人那样整天守候在电视机前，他们需要的是一台可以娱乐、可以随时看片的神器。

2016年5月17日、18日，奥维云网和中怡康先后出炉了中国彩电整体市场4月报告，认定“乐视超级TV”获得全渠道冠军，为此导致传统黑电巨头海信的不满，认为中怡康的数据有误。海信董事长周厚健甚至在上海推广其新产品“VIDAA”智能电视时，暗讽“乐视超级TV”是不赚钱的生意，并且不会长久。

但是，事实却与周厚健的判断大相径庭。仅在2016年“乐视生态6.18买会员送硬件活动”前，“乐视超级TV”的4款新品——超4 X40、超4 X43、4 X55、4 X65 Curved总预约量就已超35万台，在此后转入持续销售模式后，超级电视持续热销，目前排队发货周期已达两周后。

除此，乐视制订的2016年600万台年销量目标，完全可期。从乐视公开数据分析，2016年1月份线上卖了30万台，“414免费日”卖出了55万台，那么2、3、5、6四个月即便线上平均每月卖20万台，就是80万台电视，而根据公开消息，2015年年底时乐视线下销量已达到平均每月10万台销量，所以乐视上半年电视销量基本上可以达到225万台。另外，下半年是销售旺季，随着线下体验店成倍增长及与阿里、京东的战略合作，乐视完成全年600万台电视销量的目标完全有可能。按照这样的预估，那么到2016年年底乐视大屏用户的保有量可达到1000万用户，相当于拥有两家一线卫视台的用户量。

还有，就是乐视在停牌期间入股了TCL多媒体，其与TCL多媒体的具体合作细节是：TCL多媒体将1000多万智能电视用户交给乐视一并运营，这意味着乐视的大屏用户达到2000万，年底更可达近3000万运营用户。因此，“乐视超级TV”实际已将所有跟随者远远甩在了身后。

黑电行业的第一位置究竟是不是乐视，实际没有多大意义，以“门口野蛮人”闯入黑电行业的乐视，对黑电行业已经形成颠覆之势，其从成本定价到硬件负利，再到硬件免费，乐视告诉黑电行业的是一种全新的电视玩法——传统电视只是一个播放终端，而以“乐视超级TV”为代表的互联网电视或智能电视，是内容入口，也将是购物入口。

照“乐视超级TV”的战略和发展态势，只要乐视自己不犯错，不久的将来，“乐视超级TV”在整个黑电行业中的市场份额还将进一步放大，极端情况甚至可能出现“一家独大”。

不过，从乐视内部的经营角度，“乐视超级TV”的荣盛，却是以牺牲生产企业、自己的子公司致新为代价的。尽管，致新有很亮的前景，但这家乐视子公司股东们的短期利益又将如何保障，他们能否愿意一直等到有利润回报的那天？

前文述及，致新之于乐视，也涉及交叉股权和利益的勾稽关联。自2012年创立的致新，截止到2015年底，乐视对其的股权关系变更为两次，根据历年财报中相关的信息，乐视2012年对致新的股权为70.56%，第二年则下降到51.54%，此后在2014年小幅升至

58.55%，2015年年底前继续维持2014年的股权占比。目前致新的少数股东分别是乐视控股（北京）有限公司（以下简称“乐视控股”）、北京贝眉鸿科技有限公司、鑫乐资产管理（天津）合伙企业，三家分别对致新的股权比是约21.67%、0.78%和19%。

而乐视控股的法定代表人为贾跃亭，股东由自然人贾跃亭、贾跃芳（贾跃亭的姐姐）及法人股东汇鑫资产管理（天津）合伙企业（以下简称“汇鑫”）和晨曦资产管理（天津）合伙企业（以下简称“晨曦”）组成。其中，汇鑫和晨曦的合伙人均为贾跃芳和乐视互联科技发展（北京）有限公司。作为持股致新少数股份的另一位股东，鑫乐资产的合伙人为乐视互联科技发展（北京）有限公司和张榕。而乐视互联科技发展（北京）有限公司注册资本仅为50万元，法人代表为赵凯，股东为张榕和赵凯。而赵凯为乐视网董事会秘书。

值得注意的是，作为少数股东损益巨亏的乐视控股，还是乐视前十大股东，持股比例为0.64%，数量为1194.1156万股。而乐视网在年报中披露的公司与实际控制人之间的产权及控制关系显示，贾跃亭占有乐视网36.79%股权，同时又是乐视控股的实际控制人。

由此可见，乐视合并报表出现的少数股东亏损，实际上这些少数股东的幕后控制人几乎都是贾跃亭，通过子公司少数股东的巨大亏损，再按照上市公司会计准则，对净利润实现冲减，通过负负变加的算术逻辑，最终使得乐视在归属于母公司所有者的净利润实现“增厚”。而随着公司整体盈利数据的上升表现，从而可以使乐视股价不断上涨。而股价的上涨，可以使持有大量股票的乐视通过抛售股票获得源源不断的市场资金。然而，贾跃亭为乐视所设计的云图，不仅仅只有一个“乐视超级TV”，其战略线如网状那样交错繁多，因此，贾跃亭需要更多的钱，以撑起整张乐视生态链云图。

云图

乐视的生态链云图，到底是一个什么样的系统？用贾跃亭的话说，就是“平台+内容+终端+应用”。这听起来似乎很简单，但这张生态链云图打开来，却是一张涉及多个行业之网。

这张生态链云图，乐视实际从2010年上市后就开始编织。彼时的战略叫作“合法版权+用户培育+平台增值”三位一体化。

“合法版权”是乐视对竞争对手的差异化经营思路。当时视频网站行业盗版、盗播、侵权情况相当严重，而乐视坚守“合法版权”这一战略，可使得自己有效规避各类诉讼或法律风险，并有助于保障和强化自己经营合法性和稳定性。从自身利益角度，乐视认为“合法版权是收费类网络视频服务提供商持续运营的基石和保障，是向付费用户进行影视剧视频观看收费的重要前提，也是吸引广告主投放广告的重要动力”。在具体策略上，乐视一方面与合法版权拥有者签署《影视剧网络版权授权合同》，使乐视网自身发布的影视剧内容完全正版化，另一方面对个人TV和企业TV服务中用户上传的视频内容采取“三级审核”制度，对于涉及侵权的影视剧内容采取删除和屏蔽上传等措施。

在“用户培育”上，乐视也用差异化的视频内容吸引付费和免费两类用户。公司向免费用户提供网络标清视频点播和直播服务，向付费用户提供高清视频的点播和下载服务，并采取内容差异化策略将最新热播影视剧优先作为高清视频内容，以提升付费用户体验效果和收看意愿。

“增值于平台”战略上，乐视开发了多个视频平台广告发布、视频平台用户分流等增值类业务模块。通过平台增值服务的开发，公司有效地提升了自身的盈利性和成长性。

事实上，乐视的三位一体化商业战略，均获得了可观成效。根据2010年乐视财报显示，在“合法版权”上，乐视在当年合法储备了电影版权超过4000部、电视剧版权超过50000集的海量内容，且版权授权期限多为5 ~ 7年。乐视所拥有的庞大影视内容，一方面汲取用户流量，一方面也支撑起自身的平台价值和创新商业服务。就用户而言，根据当年统计，乐视的日独立访问用户近800万人，日均PV近8000万浏览量，而在P2P客户端累积下载的安装量则近5000万次。根据年底业绩分类，网络视频基础服务项的营业收入达1.58亿元，同比大增了82.88%，而以广告为主的视频平台增值服务的营业收入达0.8亿元，同比也增长了69.25%。

如果说，“合法版权+用户培育+平台增值”三位一体化战略是乐视云图的1.0版本时期，那么进入2011年后，乐视的新战略则是一个2.0版。

实际上，在2011年，“平台+内容+终端+应用”这个如今的战略，就已经首次出现在了财报上，只是在业务线路布局上，缺乏精细化和具体化。这一年，除了依然保持三位一体化战略业务之外，又多了一项“互联网电视设备”业务，即：“乐视TV-云视频超清机”和“乐视网TV版”。

乐视生态链云图4.0版

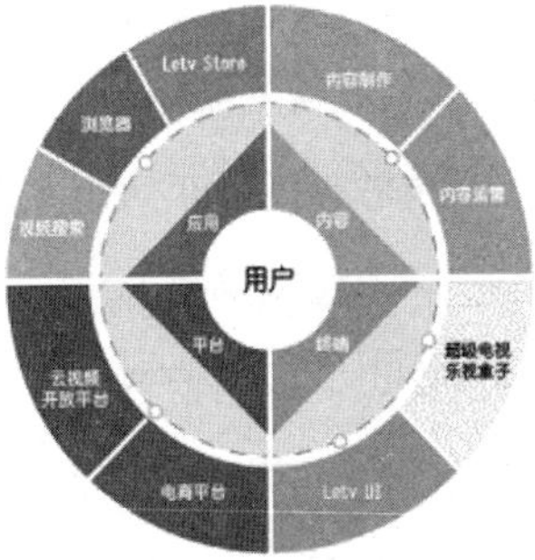

乐视生态链云图5.0版

“乐视TV-云视频超清机”是乐视推出的一款硬件看片神器，也是电视机的一个周边产品，其使用方法是，通过网络接口或无线网卡与高清HDMI线，将互联网与3D高清电视连接起来，用户通过遥控器就可以即点即播海量的高清及3D影视剧。而“乐视网TV版”是为用户打造的一款在线视频播放应用，其依托乐视强大的版权优势和海量正版影视，向用户提供看片内容服务。截至2011年年底，乐视为这两项硬件、应用开发支出额就分别达到195.96万元、327.78万元。

这一年，乐视的电影储备没有增加多少，但是电视剧版权则突破70000集，在用户汲取上，日独立访问用户达1300万人，日均VV达5000万浏览量，在移动端的客户累积下载安装量达上亿次。而在业绩分类上，网络视频基础服务项的营业收入达4.84亿元，同比猛增206.33%，而以广告为主的视频平台增值服务的营业收入达1.14亿元，同比增长69.90%。

如果说，对于“平台+内容+终端+应用”这个战略，乐视在2011年还多少表现得踌躇满志，那么到了2012年，乐视则对此明确说出了这是一个“完整生态系统”！由此，乐视生态链云图进入3.0时期。

乐视生态链云图的3.0版，出现了四项清晰的战略目标：首先，要建立国内最大的网络视频运营平台，在传输技术、正版视频内容量和综合服务能力上位列国内首位；其次，要建立国内最大的3G手机电视内容发布平台，通过加强与内容集成商、电信运营商的合作，努力培育3G手机电视用户，并创建3G手机电视应用的成熟商业模式；再次，建立国内最大的互联网电视运营平台，通过加强超清视频内容和相关产品的推广，努力培育互联网电视用户，实现超清相关产品的销量突破千万量级；最后，要建立国内最大的电视应用程序下载市场，通过加强与网络服务提供商的合作，进行电视相关应用程序的研发和销售。

根据上述四大战略目标的表述，乐视清晰地规划出了一条通往“平台+内容+终端+应用”四大核心路线之路。值得注意的是，正是在这一年，基于最后一条战略思维，乐视通过推出“乐视超级TV”，并以一个“门口的野蛮人”正式进入到黑电领域，并挑起了日后对该传统行业的一场颠覆行动。

就2012年运营成果而言，乐视在继续高举高打内容为王之中，为突破本行业视频内容同质化的竞争，加大了对网络剧、微电影、网络栏目等自制节目的投入力度。截至当年的年底，乐视累计上线的网络剧有近100集，微电影超过20部，网络栏目超过721期。由此，带来了日均UV（独立访问用户）约1700万、峰值近3000万和日均PV（流量）约8000万，最高峰值超过1.1亿，以及日均VV约7000

万，峰值约1.1亿的巨大用户流量。在业绩分类上，网络视频基础服务项的营业收入达7.46亿元，同比巨增268.42%，而以广告为主的视频平台增值服务的营业收入达4.22亿元，同比速增267.60%。

鉴于此前3年的战略试验并取得的骄人业绩，贾跃亭开始对其亲自策划的“平台+内容+终端+应用”战略进行了业务版图的更为层级的分类。2013年，在乐视内部，首次出现了一张战略导图。该导图也可谓乐视生态链云图4.0。

实际上，这轮云图的层级分类，也是乐视内部的一场组织变革。乐视官方对此解释是：“由于公司一直致力于构建完整的‘乐视生态’，业务覆盖领域愈加广泛，竞争对手已经不再是单纯的视频网站，还包含传统家电厂商，以及拥有变革思维和能力的互联网企业，挑战巨大。未来的竞争已经不能只靠某一个阶段、某一个点的得失来衡量，更多要看生态链条各个环节的衔接与整合，以及在此基础上的跨界创新和持续颠覆能力。乐视的生态战略能否持续领先，生态协同效应能否继续发挥，将极大程度地决定公司的未来。鉴于此，公司必须建立与之相匹配的生态型组织。打造生态型组织的核心目标，就是打造与乐视战略相匹配的组织能力，形成更加贴近市场、快速响应、加强协同、鼓励创新的运营模式。”因此，这次的乐视生态链云图4.0，是乐视自2010年上市至2013年，乐视对自己的战略描述得最为完整的一次。

在乐视生态链云图4.0版中，居于最为核心的中央处是“用户”，然后围绕在其周边的就是“平台+内容+终端+应用”四个模块组成的四大业务生态链，并由各模块下辖子业务线。比如，平台之下，下辖云视频开放平台和电商平台；终端之下，下辖Letv UI和超级电视乐视盒子；内容之下，下辖内容制作和运营；应用之下，下辖Letv Store、浏览器和视频搜索等。

值得注意的是，奉行内容为王的乐视，在这一年宣布了以现金和发行股份相结合的方式作价9亿元购买花儿影视100%的股权。对多数人而言，花儿影视是陌生的，但一说到《芈月传》《甄嬛传》《金婚》《幸福像花儿一样》等热播电视剧则路人皆知，而这些影视产品正是出自花儿影视之手。

根据公开信息，在2013年上半年，乐视便是花儿影视的第一大客户，占其销售总额的21%。有一种说法认为，乐视对花儿影视的收购价过高，因为当时花儿影视的净资产仅为1.05亿元，也就是说，花儿影视卖给贾跃亭的价格足足溢价了8.6倍。但贾跃亭认为，“花儿影视业务发展快速增长，未来存在较为理想的发展前景，收购花儿影视使乐视网整合了上游电视剧制作及发行领域的资源，提升电视剧制作产业链上的相关业务能力”。

实际上，花儿影视接受贾跃亭对其高溢价收购时，做过这样的业绩承诺：保证在2013～2016年度，净利润分别不低于6300万元、8100万元、1.03亿元和1.09亿元。从事后结果来看，花儿影视的业绩大多超过了自己承诺的预期。收购之后，在2014年度对乐视贡献的净利润就达到1.05亿元，占2014年乐视净利润总额的33%。而根据《经理人》的了解，在被收购的第二年，即2015年中，花儿影视推出的大热剧《芈月传》，其单集成本为200～250万元之间，而版权交易价则翻了一倍，达到450～500万元之间。按照《芈月传》实际播出81集计算，单就版权销售来说，收入已超2亿元，如果再加上链家网、唯品会、加多宝等70余家品牌对乐视渠道上播放《芈月传》的广告投放，乐视在《芈月传》上，不仅收回成本，且大赚特赚。

与此同时，乐视在2013年时期的用户再次激增。当年网站的日均UV（独立访问用户）达2600万，峰值接近4500万；日均PV1.4亿，峰值1.9亿；日均VV1.6亿，峰值2.2亿。最新的乐视TV智能终端总销量超过120万台，其中超级电视超过30万台，乐视盒子超过90万台。同时，乐视对报告期内的业务收入进行了广告业务、终端业务、会员及发行业务、其他业务等四项精细划分，当年前三项主要业务收入分别达到8.39亿元、6.88亿元、8.34亿元。

进入2014年，鉴于旗下各业务从链条的生态化进化至节点的生态化，以达到最具规模和力量的协同效应，乐视再次对其生态链云图做出局部调整。是为乐视生态链云图5.0。

根据这一版的图示，居于核心的“用户”及围绕在其周边的“平台+内容+终端+应用”四个模块没有发生改变。但是四大业务模块对应的各业务发生了变化：平台之下的原云视频开放平台被删除，在保留电商平台的同时，增加了云计算平台、广告平台、大数据平台；终端之下，除了原Letv UI、乐视盒子之外，大卖的超级TV被纳入进来；内容之下，原内容制作和运营有了明确的实体产业归属，代之的是被收购进来的花儿影视，以及乐视网、音乐和体育业务；应用则把原细分产业的边界打开，代之的是应用服务和应用市场。

对于2014年的运营，乐视董事会做出这样的总结：公司不断夯实并完善乐视生态，持续拓展和创新，进一步提升用户体验，开拓更为有效的营销模式，生态协同效应更为凸显，公司各主营业务实现了稳定、快速的增长。根据财报显示，乐视当年网站的日均UV（独立访问用户）约4700万，峰值接近7000万；日均PV2.4亿，峰值3亿；日均VV2.6亿，峰值3.2亿；乐视云视频开放平台CDN节点全球覆盖超过400个，物理带宽总储备约6T，由此成为全球最大的开放视频云计算平台。

按照最新的生态链云图上的业务结构，来自平台端的广告业务收入增长87.38%，达到15.72亿元；受“乐视超级TV”的热卖影响，来自终端业务的收入猛增443.47%，达到27.40亿元；在应用和内容中来自会员付费、版权、影视剧发行等收入合计增速为137.96%，达到24.22亿元；来自如云视频平台业务、技术开发服务等形成的其他收入则出现25942.32%的巨增，达到0.85亿元。从各板块业务比较来看，含“乐视超级TV”的终端收入、会员付费及影视发行收入两大战略项，合计占公司总收入的75.70%以上。这正是贾跃亭想看到的结果。

进入2015年之后，借助前一年的战略结果，乐视继续推动其生态链云图中各业务的协同运营效率。其董事会报告中特别强调说：“以内容为基础，加强相关增值服务的开发及应用，在多屏领先技术优势与‘乐视生态’的垂直产业链的整合布局支持下，通过电视、PC、手机、平板等多屏终端为用户带来极致体验。公司持续拓展产业链上下游及其周边，持续提升品牌知名度及用户规模，推动各主营业务快速发展。”

值得注意的是，董事会报告所提到的“电视、PC、手机、平板”

等多屏产品中，乐视在2015年期间，不仅包括了电视，也正式增加了手机业务。根据财报信息,《经理人》发现，乐视在2015年专门成立了一家乐视手机电子商务（北京）有限公司后，再次扮演了“门口野蛮人”。乐视超级手机在2015年4月零起步，到年底总销量就一举破了300万台大关，由此，和超级电视一起，乐视超级手机也成为乐视的视频服务重要的呈现载体和流量入口。

除了手机产业，如果再加上在报告期内乐视宣布认购的TCL多媒体新股，以及投资北青传媒、与卫宁软件结成战略伙伴关系、与乐视体育联合投资北京益动等资本和商业行动，实际上，原乐视生态链云图5.0版又得到更新。按这些被纳入的新业务，除了用户核心以及“平台+内容+终端+应用”主体业务不变之外，乐视的外延业务又得到了新的扩编——因此，也可称之乐视生态链云图6.0版。

到了2016年，乐视的生态链云图还在进一步裂变。如本文开头所述，乐视2016年5月连续闯入汽车和房地产领域，乐视做“门口野蛮人”已经不再偶然，而是一种常态。现在距离2016年已经快结束，不知道乐视还会增加哪些新的业务线，总之，就以上半年而言，乐视生态链云图实际已进入到了7.0时期。

现在的这张乐视生态链云图已非2010年那样简单，且有越扩越大的趋势，但其中最关键的问题是，在这张最新的云图中，很多业务项目是基于中长期战略为目的，那么在短期经营中，如何保障这些业务顺利健康的发展，必然是当务之急。从财务控制角度，平衡好负债与盈利的关系，以及保障现金流的“供血”，对公司掌舵者的贾跃亭来说至关重要，甚至关乎企业生命。

乐视净资产负债率对比资产负债率趋势

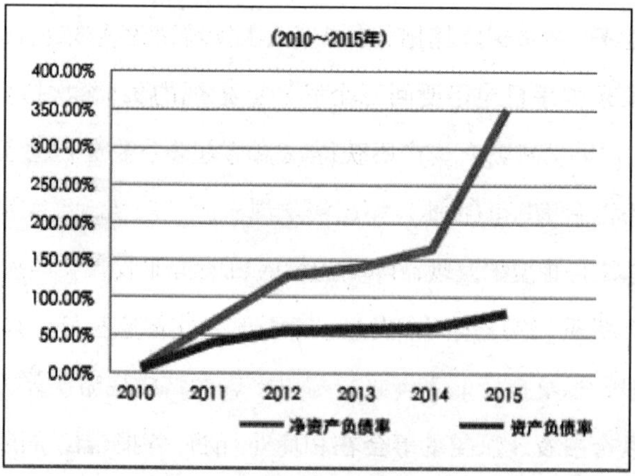

总资产收益率

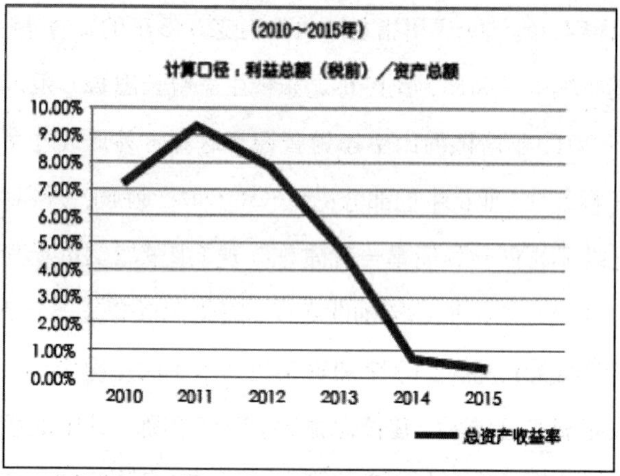

杠杆

本文第一层中对“归属母公司所有者的净利润”的解析，实际已涉及乐视的财务问题，但这还只是对乐视财务分析的冰山一角。

前文在复盘乐视的生态链云图的历次演变时，都通过视频流量以及核心业务的营业收入，以确认乐视各阶段战略成果，但这些增量数据的质量需要被进一步挖掘和分析。假如我们准备把乐视作为一个投资对象，那么我们一定要问三个问题：乐视的负债偿付是否存在风险，其利用外部和自有资产所获得收益能力是否乐观，现金流中的来源和支出是否平衡和合理。

乐视目前的千亿市值，以及持续增长的营业收入和归属母公司所有者的净利润，都只是一个表象，衡量其真实健康程度，还需要从上述三个问题介入。

在负债项上，乐视董事会在2015年的财务报告的“重大提示风险”中只字未提。那么，乐视的负债是否合理，且不存在风险吗？

如果单看资产负债率指标，乐视在2015年的比率是77.53%，尽管这个指标从其2010年上市以来一直呈增长态势，但放在整个A股市场，77.53%这样的比率较为普遍。这就容易形成一个假象：乐视的负债水平和创业板中的部分高成长的公司，在同一个维度线上。

从公式上，资产负债率=负债总额/资产总额。由于其中的资产中混合了自有资产和外部取得的资产，因此容易掩盖一个企业真实的负债水平。而真正透视一个企业真实负债水平的是净资产负债率，其公式是：净资产负债率=负债总额/净资产总额，其中的净资产总额是扣除负债总额后的企业自身的资产总额，能真实反映企业利用财务杠杆的情况，以及对股东权益保障的程度。

根据计算，乐视在2015年的净资产负债率为345.13%。这个数据是一个什么概念？相当于乐视仅用一元资产，撬动了345.13倍的债务杠杆。

而根据乐视2010~2015年的净资产负债率和资产负债率趋势图表对比分析，除了2010~2011年两个指标相近或保持短小差距之外，从2012年开始，净资产负债率的增速明显呈单一上扬趋势，且在2015年达到上市以来的历史高度。显然，乐视财务杠杆正趋日益放大，这对乐视自身经营，以及它的投资人、股东都充满巨大风险。

在如此高负债率的情况下，乐视如何运用其所掌控的所有资产有效产生收益呢？这就需要看总资产收益率。按照通常计算方式，总资产收益率应是净利润除以资产总额，但由于乐视存在退税及少数股权权益的数据，为更合理反映资产回报情况，在计算口径上，将分子项的净利润变更为利润总额。经计算可见，乐视的总资产收益情况自2012年之后每年呈滑坡递减之势，2015年成为历史最低，仅为0.44%。

一头是高负债，另一头是低收益，那么乐视如何维系公司的正常运营呢？这就需要看其资金的流动性。

就公司资金流动性而言，主要看经营活动产生的现金流量净额、投资活动产生的现金流量净额、筹资活动产生的现金流量净额情况。根据2015年财报显示，乐视经营活动产生的现金流量净额为8.76亿元，而投资活动产生的现金流量净额却为-29.85亿元，筹资活动产生的现金流量净额为43.65亿元。可见，相比对于经营活动产生的现金流量净额超过4.98倍，以及投资活动产生的现金流量净额的负数，乐视的主要现金其实来自筹资活动，既不是来自自身经营，更不是自身投资。于是，一个疑问就此产生，乐视为什么要大量筹资？

筹资活动产生的现金流量的结构，揭开了秘密。2015年，乐视筹资活动现金流入合计为113.91亿元，其由吸收投资收到的现金0.48亿元、取得借款收到的现金90.47亿元、发行债券收到的现金18.95亿元、收到其他与筹资活动有关的现金4.01亿元等结构而成。可见，来自借款和发行债券占整个筹资取得现金比率最大，分别是79.42%、16.64%，两者合计高达96.06%。

再看现金流出。乐视筹资活动现金流出合计为70.25亿元，其中主要流向是偿还债务支付的现金67.47亿元、分配股利和利润或偿付利息支付的现金1.44亿元、支付其他与筹资活动有关的现金1.34亿元。根据分别占比情况，偿还债务支付占整

贾跃亭1995~2016年	
1995年	任垣曲县地方税务局网络技术管理员
1996年	开办卓越实业公司
2002年	创建山西西贝尔通信科技有限公司
2003年	创建北京西伯尔通信科技有限公司，2007年新加坡主板上市
2004年	创建乐视网信息技术（北京）股份有限公司
2008年	创建乐视电影公司——乐视影业
2009年	推出第一款乐视TV · 云视频超清机Letv-818
2010年	乐视网国内创业板上市
2011年	推出乐视TV·云视频超清机S10/S11
2012年	推出3D产品乐视TV·3D云视频超清机S30/S32 推出智能型产品乐视TV·3D云视频智能机T1 创建互联网电视终端公司：乐视致新电子科技（天津）有限公司 推出自有品牌的智能电视乐视TV·超级电视 推出业内首款1.5G双核智能机顶盒乐视盒子C1 创建国内首家定位高端葡萄酒消费的电子商务网站网酒网
2013年	推出乐视盒子C1S 推出60寸乐视TV·超级电视X60与乐视TV·超级电视S40 收购花儿影视 推出50英寸超级电视S50
2014年	宣布乐视超级汽车 “SEE计划”
2015年	推出首个生态手机品牌乐视超级手机 发布全球首款全金属镜面指纹快充旗舰机 推出全球第一台3D、4K互联网智能电视uMax120
2016年（6月30-之前）	旗下的“乐视云”宣布完成A轮10亿元融资 旗下“乐视体育”宣布B轮80亿元融资 推出全球首个硬件免费日，开启ET时代 第二代超级手机与电视、汽车、VR跨界发布，首创CDLA标准 以标的98亿拟增发股份和现金方式收购乐视影业100%股权 旗下乐视超级汽车完成首轮超50亿元的融资 以29.72亿受让世茂股份（SH·600823）旗下持有的资产

个筹资活动现金流出高达96%以上。

为了解这样的上述情况是否属于常态，《经理人》特意调取了乐视此前6年筹资活动现金流出小计与赔偿和债务支付的现金的数据，并将其做数据图示比对。从图示外观上，两者非常接近，而从债务支付的现金占比筹资活动现金流出小计，2010年至2015年分别为：96.03%、79.44%、88.63%、85.78%、90.18%、96.04%。可见，上市以来，乐视从筹资得到的现金，在支出的过程中，年均89%以上实际用于还债。

乐视这种通过债务高筑，同时又不断通过筹资（融资、借款）行为归还前欠债务的行为，已经形成了一种习惯、模式，但是这种不以自身运营解决企业“供血”问题的做法，一旦遇到筹资不畅，将影响乐视生态链云图的战略前景，极端情况甚至引发业务及企业危机。

融资

为什么乐视一直能通过外部持续筹到资金，这就和贾跃亭在资本市场长袖善舞的行为有关。

从上市至今，贾跃亭在乐视所做的筹资行为总结来说，就是股票质押、定增、套现借给公司，以维系和推动乐视生态链云图的不断变迁。

先看股票质押。第一阶段发生在2011年7月11日至11月30日，共计三次。第一次的当事人是在乐视持总股本6.30%的贾跃芳。贾跃芳系贾跃亭的姐姐。根据当年7月11日的公告，贾跃芳将其持有的本公司有限售条件流通股（以下出现同名为忽略）中的1100万股质押给上海国际信托；第二次和第三次分别发生在当年7月11日和30日，贾跃亭本人将其持有的4400万股分两次，同样抵押给了上海国际信托。根据质押股数，贾氏姐弟累计质押约合25%股权，所获资金相当于乐视IPO募集数（6.8亿）的两倍。

第二阶段是在2012年。由于当年财报只有截至年末的股东质押数额，没有列出质押发生的具体时间、详情，因此只能借助巨潮网的部分信息进行辅助参考。根据财报信息，当年共有四名股东有股权质押披露。其中，贾跃亭质押近1.28亿股、贾跃芳质押2090万股、刘弘质押1200万股、贾跃民质押765万股。值得注意的是，贾跃民和贾跃芳、贾跃亭系姐弟关系，而刘弘的公开身份是乐视的副董事长，其2004年就加入了公司，算起来，那时正是如今乐视的前身——贾跃亭2003年创建的北京西伯尔通信，因此，包括股肱之臣刘弘在内，这轮股东的股票质押，实际执行的是贾跃亭的意志。

由于无法查证财报上有关贾跃亭质押近1.28亿股的具体构成，但从巨潮网上，显示在当年4月6日，贾跃亭发生了两笔质押：一笔是将969万股质押给山西信托，另一笔是将735万股质押给中铁信托，且全部用于个人投资。

第三阶段是在2013年。同样财报未明示公司股东质押发生的具体时间、详情，只能通过巨潮网查阅。以时间追溯，在当年2月到12月之间，至少发生了15笔眼花缭乱的股权质押、回购、解除等案宗。

先是在2月8日，贾跃亭将其持有的1200万股质押给东莞信托，用途是个人投资，接着在3月8日，贾跃亭再次将其持有的1360万股质押给上海东方证券资产管理有限公司，用途也是个人投资，随后在

4月2日，贾跃亭又将其持有的本公司有限售条件流通股1200万股质押给东莞信托，用途再次是个人投资，这事后的第7天，贾跃亭追加了其持有的1080万股再次质押给山西证券，用途同样为个人投资。

过了10天，贾跃亭解除了原质押给中铁信托的1397万股。该笔解除质押的数额正好补充了2012年有关质押的信息不全。

之后，在4月23日，贾跃亭再次解除了另一笔质押，办理了原质押给山西信托的1840万股的解除质押登记手续。

没有想到的是，到了下月的16日，贾跃亭又开始重演质押。将其1990万股再次质押给山西证券，用于个人投资。

而到了8月，贾跃芳又步贾跃亭后尘，分两次将1000万股质押给平安信托有限责任公司、将3971万股质押给上海国际信托。之后，贾跃芳在9月再追加3500万股质押给平安信托。

到了10月至12月期间，先是贾跃亭解除了原先对上海国际信托的3971万股的质押，之后是贾跃芳解除了原质押给平安信托的1100万股。随后，贾跃亭先后两次将其持有的1340万股和240万股与信达证券股份进行股票质押式回购交易。年度最后一个月，贾跃亭对原质押给上海国际信托的3971万股进行了解除。

类似的股权质押，进入2014年后有增无减，根据巨潮网的记载，乐视这方面的公告信息就达18条。这样的“质押游戏”对于乐视难道一直畅通无阻，期间没有出现过任何风险吗？

以2014年7月3日贾跃亭将2319万股质押给东方证券为例，质押前的7个交易日收盘均价约为45元，如果质押率为40%，可按每股18元融资4.17亿元。但是，当股价跌到24.3元就会触及警戒线，跌到21.6元就要被强制平仓。

尽管乐视以各种名义停牌避免股价下挫，但还是一度跌至28.2元。之后，乐视承诺一年内将“乐视影业”注入之后（2015年12月6日之前），乐视股价开始上扬，股票质押危机才算过去。此后贾氏姐弟的质押股票暂停。截至2015年1月13日，贾跃亭名下78.01%股票被质押，占公司总股本的34.49%。

但是，到了2015年10月26日，贾跃亭又重新恢复了“质押游戏”。根据当日公告显示，贾跃亭一手解押5.37亿股，同时一手又将5.07亿股质押。至此，贾跃亭质押了名下7.83亿股中的6.08亿股，占个人持股的77.74%。敢于再度启动“质押游戏”，说明贾跃亭熟悉这样的游戏规则，且对公司股价具备信心。

再看定增。2014年8月，乐视公布了一项定增方案，拟以每股34.76元的价格向乐视控股（北京）、中信证券、蓝巨房地产投资基金、久元股权、金泰众和投资等对象合计发行1.3亿股，募集资金总额45亿元，用途是补充公司流动性。

但在5月26日，乐视连发多篇公告，以“证券市场发生了较大变化，同时综合考虑融资环境和公司业务发展规划等因素”，以及“为了维护广大投资者的利益”等原因，撤回了此前的定增计划，但同时拟非公开发行不超过2亿股，募集资金75亿元，发行对象不超过5名，发行价格为相应股价9折，锁定一年，募集资金将用于视频内容资源库建设项目、平台应用技术研发项目、品牌营销体系建设项目、偿还银行借款项目和补充流动资金项目。对于最后两项，乐视公告上写明：拟使用6亿元用于偿还银行借款，以减轻公司财务负担；拟使用

10亿元用于补充公司流动资金项目。

进入8月后，乐视方面再次连发多篇公告，结果对增发数量从2亿股缩减至1.55亿股，相应的是，募集金额也从75亿元降至48亿元。根据其8月31日公告的《非公开发行股票募集资金运用可行性分析报告（修订稿）》，原计划中的偿还银行贷款6亿以及补充流动资金的10亿元等项目消失了，而平台应用技术研发投资从9.9亿元减至4亿元，视频内容投入从44亿元减到40亿元。

这笔定增计划从2014年8月开始拟定，到2015年8月修订，最后等了20多个月后，终于2016年6月2日获得了证监会的批复。

再次需要注意的是，这份靴子落地的定增，其资金用途规定仅用于内容生产和技术研发，而偿还银行贷款和补充流动资金不算其内。这就需要反思：为什么最初之前用于补充公司流动性的方案没有得到批准，反而在降低定增规模、额度，以及用于实务运营的定增会得到批准？

最后是，套现后借给公司。在2015年5月26日宣布再融资75亿元的同时，贾跃亭另外宣布自己将在6个月内减持1.48亿股。减持原因是“再融资资金到位尚需一段时间，为缓解公司资金压力、满足公司日常经营资金需求”，贾跃亭承诺将所获资金借给上市公司免息使用60个月。

说到做到，6月1日、6月3日，贾跃亭分两次减持3524万股，套现25亿元，减持均价为70.93元。以此推算，减持1.48亿股约合105亿元。

作为公司大股东的贾跃亭，在市场上的减持行为引发地震，不仅影响公司自身的股价，也影响整个市场。2015年，证监会曾一度严令上市公司大股东半年内不得减持，但乐视、创业板及大盘跌势没有马上逆转，8月27日，乐视一度跌至28.22元，较减持价跌去60%。为了继续套现，不得已之下，贾跃亭将套现变成场外转让：作价32亿元向鑫根基金转让1亿股，所获款项免息借给乐视。

这样算起来，贾跃亭原本减持1.48亿股并套现105亿元的计划，受市场影响后，最后实盘的结果却是减持1.35亿股和套现57亿元。而根据2015年财报中有关《董事、监事和高级管理人员持股变动》信息显示，在本期减持股份数量（股）一栏中，贾跃亭减持的股份就是1.35亿股。那么，在获取的57亿元中，贾跃亭有多少如其承诺，借给了公司？

根据2015年财报中的“其他非流动负债”中显示，来自贾跃亭借款给公司的期末余额是20.70亿元，由于期初余额为零，也就是说，贾跃亭在2015年实际借给公司的资金同为20.70亿元。另外，再加上其姐贾跃芳累计借给公司的14.02亿元资金，贾氏姐弟在2015年借给公司的资金就合计高达34.72亿元。

和某些上市公司大股东不同的是，贾跃亭的套现，并非“为了改善个人生活”，而是用于公司，这固然称道，但也透露了公司对资金的急迫和饥渴，否则贾跃亭不会在公司股价下跌时，还要选择场外套现。

对于套现后将资金输送给公司，贾跃亭给自己定下了规则。对于第一次的套现行为，贾跃亭承诺：1.已经减持所得资金将全部借予上市公司使用，上市公司进行还款后，还款所得资金将自收到还款之日起6个月内全部用于增持乐视网股份；2.届时增持同样数量股份时，若增持均价低于减持均价，则减持所得款项与增持总金额的差额将无偿赠予上市公司。而对于第二次的套现行为，贾跃亭承诺也和第一次类似。

对于贾跃亭而言，比谁都更了解乐视以及运营乐视生态链云图的艰难，然而他主张的速度、规模、多元的战略，在整个运营过程中，自始至终都需要源源不断的资金，这就迫使他经常需要“讲明天的故事”以及不断融资。

按照乐视当前的产品创新、商业模式创新、财务表现、大股东贾跃亭疲于奔命于解决经营流动性的融资事件，乐视会在2016年甚至未来3年中，完成其生态链云图的完美构架，并成为下一个BAT吗？

在当今商业大转型，且各种成长模式涌现的形势下，我们无法做出对乐视明天的判断，但无论是历史，还是现在，一个优秀的公司总是会遵循这样的健康运营原则——“保持充足的流动性，负债总规模不大而且结构合理，拥有非常强大的资本实力。虽然这种保守的做法在某种程度上降低了我们的投资收益率，但这是唯一一种能让我们感到安心的方式”——这是巴菲特在1980年致股东信中的警示。

马化腾

争夺企业级市场是下一个大风口

马化腾　1998年和好友张志东注册成立腾讯公司，现担任腾讯公司控股董事会主席兼首席执行官。2015年两会期间，他率先提出风靡世界的“互联网+”，他认为互联网将连接实体、产业、服务、个人、设备等一切基本要素，创造出一个“互联网+”的生态体系。

关于最近火热的人工智能，我觉得这让人脑洞大开。在科技的春天来了之后，我们换个角度思考会发现，与企业有关的市场也发生了非常大的变化，未来我们应该更多思考移动互联网激活了的企业级市场，以及企业的多样性、生态化发展。

科技的春天

关于前沿科技的讨论，让我特别有感触。在互联网领域之前，在我们小的时候，老师问我们的梦想：长大了想做什么？那时候，很多人都会有一个共同的梦想：科学家。其实，相对于企业家，科学家与我们公众的距离是比较远的。但是，在互联网领域发展到现在，当人工智能变成可能，当应用科技与经济学科联系越来越紧密时，我们就觉得科技创新又重新出现在大众面前了！也就是说，科技的春天来了！

关于人工智能，很多人因此感到了危机，因为会深刻感受到人工智能速度和质量在“秒杀”人类，以至于出现了“人类迟早要被替代”这些言论。但我觉得我们可以换个角度想一些有意思的话题。

人类和机器其实有很大的区别，首先，人类在个性化上表现突出、变数很多；其次，我们在认知上的社会形态也与机器有所不同；最后，人类或人类与机器一起形成的企业，其竞合关系也会有所差异。每个企业的定位、发展方向、领军人物、团队机器组织构成不同，构造成的形态也不一样，这就诞生了企业的多样性。

企业的多样性及其成长方向，离不开企业创始人的素质与追求，与整个团队的文化和基因也息息相关。从另外一个角度讲，就是未来的发展方向将偏向生态方向，而不是完全的竞争状态。

所以，我更倾向于用一种生态的方式去看待企业的存亡，也就是说，在这个生态里面，企业的存在应该是多元的。多元会造成一种什么情况呢？就是社会分工会越来越细，而企业将会越做越小、越做越专业，每个企业都各司其职，一起撑起生态的发展。而在企业内部，则应该从共享，进阶到分享，让内部管理团队发挥特色，互相协作。

空前大风口

关于下一个风口，我觉得是互联网带来的空前大风口。目前，互联网已走出了所谓新经济的圈子，走到了一个新天地。在这个新天地里，将能跟所有的行业产生结合。最明显的是，激活了企业级市场。

我们原来做人和人之间的连接，未来，希望更多地向人和设备、人和服务之间的连接迈进，特别是人和服务这个领域的连接，我们希望未来能打破传统的IT或互联网这个领域的局限。

智能手机的普及带来了移动大潮和万物互联，两者孕育了共享经济并催熟了人工智能、大数据产业和云计算……这些终端的变化，正激活着企业级市场，带来了企业运转效率、组织结构的变化。

腾讯在耕耘企业级市场时，采取企业市场本身的深度挖掘、从消费延展到企业双管齐下的思路。其中，“腾讯企点”和“腾讯云”就是腾讯注重企业市场本身发展的代表做法。2015年，腾讯将企业QQ和营销 QQ 整合成为了“腾讯企点”，以一种全新品牌的形象发布，覆盖企业营销服务、内容协同等多领域。现在已拥有数百万企业、数千万用户。从微信出发开拓企业级市场是另一种方式。腾讯已经在企业微信、微信企业号、微信服务上做出努力，已经下放一些可下放的能力和板块。

以人为本

根据2014年数字中国的IT报告，其中提到产业服务互联网化，所强调的产业范围包括制造业。根据我们现在产业比重来看，服务业和制造业的比重相似，但是，未来的产业中心一定是服务业，以消费级为主，也就是说，我们产业的发展最终一定是以人为本的。

而互联网的发展也将是以人为本，这是我们在做过多种发展模式的尝试和发展方向的思考之后的结论。

原来的行业在融入服务时，总是或多或少分了很多层级和阶段，如通讯、交通、金融等行业，但移动互联网的出现和普及，让原有的信息不对等、不够透明等高成本问题都不复存在，从而将群体需求锁定到个体，就此建立了从往上延伸、辐射到制造业的服务产业。

可以说，移动互联网重塑了生产力和生产关系之间的组成。因此，任何一个细分的行业里面，谁能够率先把握互联网，谁就能得到将所在行业里的生产关系重新理顺的机会，进而去掉不合理的环节，重新在用户的需求和服务生产商之间，建立一个全新而快捷的互动模式。我们期待在医疗、教育等领域有更多创新。

半条命给创业者

移动互联网激活了企业级市场，在这个市场里，我们也将更多地开启开放性资源合作，给市场带去更多的优质帮助。

过去，出于不放心、不信任以及自信的原因，腾讯有很多新的模式想要自己去尝试，包括电商、搜索等。但这两年以来，腾讯变化很大，我们开始开放，与伙伴们合作。第一，把我们原来的很多业务进行精简，或通过控股的方式掌控，做别人的二股东；或者把自己百分百做的业务进行模式上、投入上的精简。第二，我们集中更多的精力放在自己最核心的通信社交平台以及内容采集上，以期能在风口边搭一个梯子、卖一把降落伞，让他们在和移动互联网结合的浪潮上飞得更高更安全。

因此，对我来说，我们的心态将是以回归到以自身为核心的平台为基。

同时，我也认为这是成功企业在打造、运营商业模式的最好方式。每个企业，无论从基因的角度出发，还是从管理层的能力考虑，更重要的还是要能稳住——能聚焦在最擅长的领域里。腾讯最擅长的商业模式，不是深入到每一个行业，而是铺展到很宽广的领域。所以，我也希望创业者能更加积极开放地看待腾讯，现在腾讯是把半条命都交给你们了。

李彦宏

百度正处旋涡中心

李彦宏　百度公司创始人、董事长兼首席执行官，全面负责百度公司的战略规划和运营管理。2000 年 1 月，李彦宏创建了百度。经过十多年的发展，百度已经发展成为全球第二大独立搜索引擎和最大的中文搜索引擎。百度的成功，也使中国成为美国、俄罗斯和韩国之外，全球仅有的 4 个拥有搜索引擎核心技术的国家之一。

百度任何的好与不好，归功和归罪都应该是我。更多时候，我是在反思：为什么百度会走到这一步，我们怎么样才可以改进？我更多的是这些方面的压力。

商场如战场，人类因为惧怕死亡而进步，企业也是如此。面对企业的生死存亡，有危机意识就会有创新，才能促进企业进步。天天说公司不会死的，这个公司可能不会死；但天天说这个公司会死的，可能公司反而会越做越大。

分享技术是科技的推动力

现在有很多的数据掌握在百度手里，每秒每分每小时每天都是剧增的情况。有人问，这些大数据留在我们手上，会不会成为障碍？

确实，因为百度将语音识别技术、自动翻译技术、自动定位技术、图像识别技术等开放使用，所以，我们每天都会增加很多数据。这个数据的量非常大，但其实数据本身并不会直接产生很大的价值。数据如何才能产生好价值并真正对社会有益？可能还需要跟互联网、医疗、金融、教育四个方面结合。

同时，对于百度而言，这些数据的累积还有更大的作用，即有助于百度改进和提升自己的技术。“开放技术—获取数据—提炼数据—改进技术”，这是一个不断加强并不断反复的过程。所以，在百度，有一点是非常明确的：只有把对应技术拿出来给大家使用，我们自己才能很好地提升。

其实，在共享经济社会里，百度不强调谁拥有什么，谁共享什么，更多的是谁需要什么。谁需要、需要什么、如何实现，这种危机意识让百度明白，要通过实战才能一一实现，通过技术的进步才能推动产业的发展。

百度为什么最近几年没有出让用户超预期的产品呢？其实并非是百度没有出产品，而且就算我们处于风口浪尖时也时刻在关注着如何进步。但是，可能是相对保守了一些，总是认为搜索已经足够重要，把搜索引擎做好、做得更好是最为关键的事情。其时，在科技创新的投入上，百度的力度是超前的，是不计代价的。

现在最火的人工智能技术，大家都觉得特别重要，但这些特别重要的东西，百度早在5年前、10年前就不计代价地投入，现在才能有一些了解和进步。在技术的发展过程中，新技术会不断带来新的东西，一方面带来一定的威胁，但另一方面会不断地带来收益，但最后，技术都将通过共享经济的模式让人们从中直接地获益——这也是科技创新的巨大推动力之一。

企业最重要的是满足需求

另一个能推动科技创新的力量是商业的力量。身为企业，百度认为通过商业的力量来推动科技的进步是一种现实可行的方式。比如，哥伦布发现新大陆并非完全是因为他的好奇心，更多的是因为他背后的商业支持，被葡萄牙拒绝就找英国，被英国拒绝就找意大利，被意大利拒绝就去找西班牙。

所以，对于一个公司而言，模式并不太重要，重要的是到底满足了什么需求，市场在哪儿，又有多大。我们大多数人，包括90后，都是跟键盘一起长大的，所以会觉得键盘输入是最自然的方式。但是从00后开始他们是拿着手指头上网的，因此，这个市场就需要满足，所以百度也发生了从移动到PC，再到手机这种交互的方式转型。

为了满足不断变化的市场需求，我们一直在自动翻译、无人驾驶方面追求进步。以搜索起家的百度，虽然还在做着搜索的活，但是依靠的技术是完全不一样的。15年前，我们背后依托的技术是简单分析关键词出现的频次，现在完全是机器技术在支撑。

2012年开始，我们意识到深度学习是即将进入白热化的技术，2013年百度正式对外宣布成立第一个深度学习的研究院，自此以后，百度对于机器翻译和人驾驶等很多技术的理解就更加自然了，这些都与图像识别相关。当机器能够识别出人、警戒线、屏幕等图像时，它就能根据这些东西进行简单创造。所以很多事情人类做起来比较容易而机器反而比较难，但是慢慢地机器可以替代我们的简单脑力劳动。未来，当机器有着无穷无尽的材料进行创造时，它们将替代更多的人类简单劳动，将人类从简单的脑力劳动中解放出来，以创造更多的可能。

百度正遭受误解与压力

现在，百度处于旋涡中心，但其实百度一直处于风口浪尖。我担心表达会被误解，因此即使有表达冲动也会选择不表达。在社交媒体时代，大家更喜欢讲感情，而不是讲事实。总而言之，百度任何的好与不好，归功和归罪都应该是我。更多时候，我还是在想为什么百度会走到这一步，我们怎么样才可以改进。

百度为什么从当年一家受人尊敬的科技公司走到今天被很多人指责的地步？一个很重要的原因是这十几年百度搜索没怎么变过，至少在用户的感知上是这样。从百度的角度，我们近几年没有给用户提供一个真正创新性的新产品，没有给用户带来惊喜。百度的文化是简单可依赖，在产品上反映的也是如此。但是，虽然是很好的、免费的东西，但是一旦用得时间长了，用户就会习以为常了。这个时候，如果出现了一些不好的东西，他也想不起来自己曾从这儿受益。

同时我认为，公众对百度最大的误解跟谷歌非常有关系。第一，大家觉得是百度赶走了谷歌。其实只要稍微理性思考就知道不是这样，我们没有这样的能力，而且当时发生的事情都是有据可查的，是谷歌自己宣布不愿意接受中国政府的监管而选择退出的。同时，他们在中国运营的五年，市场份额逐渐下降也是佐证。第二，大家觉得我是一个政府关系的高手。其实不是，我是一个更喜欢琢磨产品和技术的人。这些误解，直接导致大家认为谷歌是一家引领潮流的科技公司，而百度是在政府帮助下取得垄断地位的公司。

百度历史上的几次重大舆论危机，总体来讲，的确是我们在快速发展过程中有做得不足的地方。但并非就是说百度失去了主动纠错的能力，这些压力都会化成危机意识，让我们学到经验和教训。百度一直都在修改和进步，比如现在商业推广中的评价体系就是我们主动做而其他搜索引擎都没做的，目的就是希望从机制上能够给用户带来更可信、更安全的信息。

梁建章

携程在手，说走就走

梁建章　在美国硅谷从事技术工作多年，曾任美国 Oracle 公司中国咨询总监，是信息技术行业的高级管理人才。1999 年回国，与 3 位商业伙伴创建了“携程旅行网”，在 2000 年至 2006 年期间任 CEO，并从 2003 年起兼任董事会主席。公司于 2003 年在纳斯达克成功上市。2011 年，梁建章获得斯坦福大学经济学博士学位，现兼任北京大学光华管理学院经济学研究教授。2016 年 1 月，梁建章入围“2015 中国十大经济年度人物奖”。

给旅游业未来算一笔账

旅游促进经济是一个不正确的命题。为什么要发展经济？发展经济的目的是什么？学经济学的人都知道，发展经济是为了增加幸福感。那么，旅游到底和幸福感更紧密，还是跟经济发展更紧密？其实，旅游是一个目的，经济是一个手段。正确的说法应该是：经济促进旅游。

一本幸福账

过去这些年，中国的旅游业在整个GDP占比快速提高，从3%不到，到了现在的4.5%。中国在全世界范围内旅游占比是什么水平呢？

我们用乘飞机的人数或人群乘飞机的次数，与收入做比较。以美国为例，2014年中国人均收入7000多美元，美国接近5万美元，因此中国的人均收入是美国的1/6。而中国每年约有4亿乘飞机的人群，人均0.4次，美国是2.5次，就是说，中国的人均乘飞机次数也是美国的1/6。

通过以上数字，可以预测一下未来中国旅游的增长和GDP的增长关系。中国未来10年的经济是比较乐观的，GDP应该仍然保持6%、7%的增长。那么，整体旅游是多少呢？

首先，让我们来看一下旅游增长和人均GDP的关系。一般来说，两者的数据基本平衡。中国现在人均GDP是美国等发达国家的1/6，中国人均乘飞机的次数按照人均航班次数是美国的1/6。美国人均乘飞机数相对多一点，欧洲国家相对少一点——比如德国，该国人均乘飞机的次数，大概是1.2左右，是中国的3倍。

如果多年之后，中国人均收入跟美国一样，中国人均乘飞机的次数就会跟美国持平，因为追求幸福是全世界共同的价值观，而旅游又是幸福的重要组成部分。所以，当人均收入还有6倍增长时，旅游在个人的消费结构当中的占比还会有3～6倍增长。

如果GDP每年增长x%，占比就会增长0.5x%～x%，旅游消费增长就会是1.5x%～2x%，弹性系数就是1.5～2，也就是说，如果中国GDP以7%的速度增长，旅游行业的占比应该是1.5×7，也就是10%～15%的增长。这几年，出国旅游实际上是超过了20%的速度，越是高端旅游增长越快，中低端旅游增长就会慢一些，但是总体两位数的增长是没有问题的。

以稀为贵

再看韩国。韩国1992年的人均GDP就达到7000美元，其人均乘机人数与之相比，非常吻合。韩国人均乘机人数也达到了0.4，和中国一样。

1992年以后，韩国GDP的增长率在8%～10%，而乘飞机人数增长在15%左右，乘数是1.5左右，旅游的增长率是GDP增长率的1.5～2倍。

10年以后会怎么样，旅游业一直会比GDP增长快1.5 ~ 2倍，什么程度会慢下来？没有天花板。在人类追求幸福的过程当中，有两种幸福需求：一是文化或娱乐方面的消费，二是旅行的幸福。

娱乐消费一般来说，是虚拟形式的，比如通过电子产品玩游戏或者看电影等等。但旅游却大不同，要从一个地方到另外一个地方，这是一个成本非常高的消费，这期间会有飞机、轮船等消费。更重要的是，旅游的资源永远会稀缺，这就导致其价格、市场会一直坚挺。

巨头为何难以赢在中国？

前一段时间，财经界的最大新闻，莫过于中国两大网约车巨头——滴滴和优步的合并。更准确地说，是中国土生土长的滴滴，收购了专车领域祖师爷优步在中国的品牌、业务、数据等全部资产。可以说，这是“又双叒叕”一个国际互联网品牌在中国屈居本土品牌之下的商业案例。

为什么说“又双叒叕”呢？因为在此之前，凡是高调杀进中国市场的国际互联网品牌，其中绝大部分是美国品牌，几乎全都输给了本土品牌。在即时通讯领域，微软的MSN输给了腾讯的QQ；门户网站方面，雅虎中国的影响力从一开始就被新浪网碾轧；在电商平台领域，被Ebay控股的易趣早早败给了阿里巴巴的淘宝；在线旅游市场上，Expedia也成了携程的手下败将。参考这些前例，优步中国输给滴滴是再正常不过的事情。

那么，原本起步于美国的国际互联网品牌，为何总是在中国遭遇挫折？是因为他们离开了美国就水土不服吗？答案并非如此简单。至少在中国以外的其他国家和地区，比如在欧洲和日本，很多美国互联网品牌照样能活得有滋有味。为何如此呢？

企业依赖于人口市场

之前，我多次强调，只要本土市场的规模足够大，包括互联网在内的高技术服务行业，就有条件培育出足够强大的本土公司。这点与工业品牌的竞争有所不同。在中国市场上，像汽车等工业品领域，国际品牌依然占优势，而互联网行业中则是中国品牌占压倒性优势。

道理很简单，决定互联网等高技术服务企业成功有两大因素，一是技术优势，二是企业赖以成长的本土市场规模；而决定市场规模的是文化、语言乃至政治边界内的人口规模以及经济发展水平。只要本土市场达到足够的规模，本土企业与市场的适配优势就可以抵消外来竞争者的技术优势。相比于工业产品的标准化生产，互联网等行业需要个性化的服务和解决方案，这突出了与本土市场适配的重要性。因此，当一项新技术或模式兴起时，互联网企业胜负关键不仅取决于技术本身的高低，更取决于谁能利用市场适配性等各种条件，率先达到规模效应；先达到者就有更大的胜算。

在这场规模效应的竞争中，不同国家处在不同起跑线上。假如一个新的互联网商业模式需要1000万的人口规模效应才能生存，那么在中国市场，只要将这种模式渗透到总人口数的1%，企业就能生存下来。相比之下，以同样的人口规模效应为目标，美国企业需要3%的渗透率，而日本企业更需要达到10%的渗透率，其难度要比中国企业大得多。

欧盟人口多于美国，但为何欧盟互联网企业落后于美国？这与欧盟分割成不同的语言、文化乃至政治单位有关。欧盟虽有5亿多人口，但每个语言、文化和政治单元都最多只有几千万人，人口规模都要远小于美国的3.2亿。美国50个州都通用英语，而欧盟各成员国却有20多种官方语言。

想清楚这个道理，就不难理解为何美国以往能在互联网行业竞争中占据先机。美国是人口最多的发达国家，其市场规模远超过其他任何一个发达国家。因此，美国的高科技服务公司在本土只需要低得多的市场渗透率就可以生存；而其他发达国家的企业的生存门槛则要高得多。美国企业在本土取得成功之后，就可以凭借先发优势走向海外市场。而其他国家的本土企业，虽然在市场的适配性上占据优势，但本国人口规模的不足使得这种优势抵消美国企业的技术优势和品牌先机。

中国改变了游戏规则

中国的快速崛起改变了游戏规则。综合考虑人口规模和经济水平，中国已成为唯一一个比美国更大的市场（未来或许还有印度）。比如，中国宽带网络和智能手机的用户数量都大幅超越美国。这意味着，在同样的条件下，互联网企业在中国会比在美国更早达到规模效应，从而取得成功。当然，相比人口数量上的绝对领先，中国中产阶级的比例依然落后于美国；两国中产阶级的规模都在两三亿之间，但从趋势来看，中国在这方面很快也会实现超越。

以前中国的中产阶级规模落后于美国，所以美国互联网品牌在进军中国市场时还可能拥有部分先机。但等中国的中产阶级人数比美国还多时，优势的天平就倾斜于中国本土的创新者和模仿者身上。除非技术门槛太高，或者美国的创新遥遥领先，使得中国企业根本无法模仿，否则中国企业就可以快速学习和复制美国的技术和商业模式，借助中国更大的市场规模实现超越。

最近在美国风投圈流传这样一个观点：如果一个模式想要成功复制到中国，那绝不能等到在美国成功之后再推到中国，因为这时肯定已经晚了，模仿者早就在中国占了先机。取得成功的前提是，必须在中国和美国同时推广，才有可能在中国取得成功。这个观点或许有道理，但要让一个美国创业公司，同时在中国和美国开拓市场谈何容易。

以网约车行业为例，优步布局中国市场的速度不可谓不快，但现在看起来还是太晚了。作为一个美国企业，优步可能很难感受到中国的出租车市场比美国大N倍，更没有想到滴滴、快的们会首先进军理论上本是网约车“死敌”的出租车市场；在培育出出租车打车软件巨头的基础上，滴滴又成功转型到专车市场，一举奠定其在网约车市场的至尊地位。这种出人意料的玩法，已经超越了优步原有模式的想象空间。

简单来说，就是在优步模式于美国取得成功的基础上，滴滴等本土企业不仅依靠复制这种模式吸引到了大批风险投资，更针对中国庞大的消费人群推出了足够接地气的本土化营销方案，从而“青出于蓝而胜于蓝”，成为又一家在本土市场竞争过程中打败国际互联网品牌的中国企业。

面对这个结果，我们不仅要为滴滴这样的本土品牌喝彩，更应当珍惜中国在人口规模效应方面的优势。包括携程在内，无数中国互联网品牌的成功，不只是因为经营者自身的努力，也不只是因为赶上了互联网乃至移动互联网的风潮，而是应得益于我们恰好身处中国这样一个人口规模足以令全世界羡慕的理想环境。

有人也许会把中国互联网企业在本土的成功部分归功于中国的网络管理措施。确实，对某些技术领域来说，海外互联网企业因受限较多而无法与本土企业充分竞争，但这显然不是滴滴等大多数中国互联网企业更为成功案例的原因。实际上，严厉的网络管理措施对中国企业的成长弊大于利。中国过去30多年的高速增长很大程度得益于改革开放。深究下去，开放之所以带来进步是因为这让中国的发展可以享受全球经济体的这个更大人口规模的溢出效应。这在互联网时代更为重要。温室里的花朵不会太健康。更为开放的互联网能让中国更容易学习先进技术，更深地参与到世界竞争中，也会让中国本土市场的竞争处于更高的水平。

未来由人口形势决定

互联网的价值体现在不同个体之间的信息交换。网络连接的个体越多，每个个体可以选择的范围也越大，平均交往频度和质量越高。因此，网络的价值与网络节点的数量呈加速正向关系。一个使用人数多三倍的网络，其价值可能要大四五倍甚至更多。就使用者来说，网络的边界主要是语言和文化。这也是为什么，在互联网时代，人口规模对竞争优势的作用更加突显。中国是世界人口最多的国家，也是人口最多的语言、文化和政治实体。这一巨大的优势让很多创新模式都能在这片土地上事半功倍。随着中产阶级的兴起，中国互联网优势会加速体现。而本土的语言、文化等各种特征，也会天然抵消国际互联网品牌的优势，进而为本土品牌留下更大的发展机遇。

更重要的是，人口规模的加速优势不仅会体现在商业成功上，假以时日更会体现在技术的发展上。面对滴滴收购优步中国的结果，我想再次强调个人始终坚持的一个预测：在20年内，中国将在几乎所有行业拥有世界第一的规模，借此培育出一大批依托本土市场规模优势而走向世界的大企业。中国不将只是技术学习者和模仿者，也将成为创新的引领者。这个结论的前提是，中国不仅拥有巨大的消费市场规模，还具有世界第一的人才规模，以及无数拥有创业梦想的年轻人。当这几个有助于创新经济的要素结合到一起时，整个国家的全面崛起成为必然。

当然，如果不思进取，本土市场的优势也可能转为劣势。由于本土市场足够大，不少中国企业因而缺乏开拓海外市场的紧迫感。微信在可比的功能和方便性上可能都胜过WhatsApp或LINE等竞争者，但在本土以外市场的占有率上却远不如后两者；微信7亿多用户也要明显少于WhatsApp超过10亿的用户。因此，在享受本土市场规模的同时，还应该居安思危，将目标面向更大规模的市场才能立于不败之地。对此，更为开放的网络管理将是有利条件。

不过，比这种因优势而丧失进取心更大的风险，是优势本身的弱化甚至消弭。也就是严重的超低生育率，将导致中国的人口结构老化和规模的不断衰减，以至于最终可能被美国甚至印度反超。根据2010年人口普查数据，80后、90后、00后的人口分别是2.19亿、1.88亿、1.47亿。从80后到00后的不到一代人时间，出生人口就萎缩了32%。

如果这种趋势持续下去，未来人口规模，尤其是年轻人口数量将不断快速萎缩，那么前述优势最终都将不复存在。因此，中国未来的经济前景，很大程度上将由人口形势来决定。只有尽快完全放开并大力鼓励生育，才可能维持中国的人口优势，让中国经济发展更上一层楼，也让我们有机会见识到更多本土品牌战胜国际巨头的案例。

全球化引发下一轮旅游业新机遇

我认为，人口是中国经济未来能否持续发展的关键，因为未来的经济发展必须要依靠创新、创业来驱动，而人口对创新创业的影响又特别大。

人口对创新创业的影响主要体现在两个方面，一个是规模效应，一个是结构效应。从规模效应的角度来看，人口的规模、市场的规模、人才的多少，实际上对经济非常重要。我们都知道，一个实物产品，可以从一个国家卖到全世界，但是服务产品就不一样，它必须依托本地的市场，在本地市场做成功后，才能拓展到全世界。所以，规模效应对于服务业的发展特别重要，只有拥有庞大的人口基数、庞大的用户群体，服务品牌才能够成功。今天，中国的互联网在全世界拥有领先地位，这和中国庞大的市场规模市场密不可分。

从人口结构的角度，我比较了各个国家的数据，发现人口年龄越老的国家创业活力就越低，也就是说，人口的年轻程度，与创新有很大关系。

人口加速流动，驱动全球经济

大家都在讲全球化，但要实现全球化，首要就要让所有的商品流动没有障碍。“跨境电商”是实现全球化的第一步。在全球化趋势下，可以看到——世界上任何一个地方的居民，都可以通过“跨境电商”买到全球最好的商品。

通过“跨境电商”让商品全球化的过程中，不仅是制造业的实物产品在全球自由流通，而且服务业的服务产品在经济中所占的比例越来越高。所以，在商品全球化的过程中，服务产品也必定会全球化。

就目前各国的发展情况而言，服务业发展的差异很大，世界上最好的医院、最好的学校、最好的投资机会很可能不在我们居住的城市中，而就旅游资源而言，一直就存在地区发展水平和资源配置的差异，就需要像携程这样的企业来提供优质的服务。

随着贸易全球化的发展，尤其是服务贸易和投资的一体化，人员的流动也会增加。创新、创业和人员的流动有着非常密切的关系。创新是什么？就是把其他人的想法拿过来重新组合一下，产生一个新的想法。所以人员的充分流动会加快社会的创新速度。

随着全球化进程中贸易、人员流动速度的不断加快，处在这个过程中的“跨境电商”企业的生意会越来越好，创新的速度也会越来越快。这也是携程成为服务全球化电商的重大机会。

全球化，一定引发创新速度

有人问，如果在任何地方都可以获得全世界最好的服务和产品，那人们还需要旅行吗？我的答案是：需要！而且人员的流动会更加频繁。

贸易和服务全球化，必然导致旅游的需求增加。比如说，当你在大陆吃到了美味的台湾菜，你一定会想到台湾体验一下当地最正宗的台湾菜；当你更多地了解了台湾文化，就更想去台湾旅游。另一方面，商务交流的相关旅行需求也会增加。如果京东要把它先进的物流系统扩张到全球的话，就要和当地的政府和公司频繁交流，要派人到当地去，人员很可能会频繁地在各地穿梭。在这个过程中，对于我们在线旅游公司来说，我们的生意将会越来越好，所以，携程最欢迎全球化。

另外，服务、贸易、投资和人员流动的加速，会加快相关地区的创新速度。创新是经济发展的根本动力，人才、信息、资金越开放、越流动，创新的速度就会越快，而且随着人才的交流和创新的加速，全球经济的分工合作会更加密切，全球经济就会更像一个命运共同体，走向共同繁荣的道路。

再造携程

不止一个人问过我一个问题：作为携程的CEO您为什么那么关心人口问题，它和携程的业务有什么关系？

我前几年读了个经济学博士，想要当经济学家，搞学术研究。我

2015年第三季度中国在线旅游市场厂商交易份额

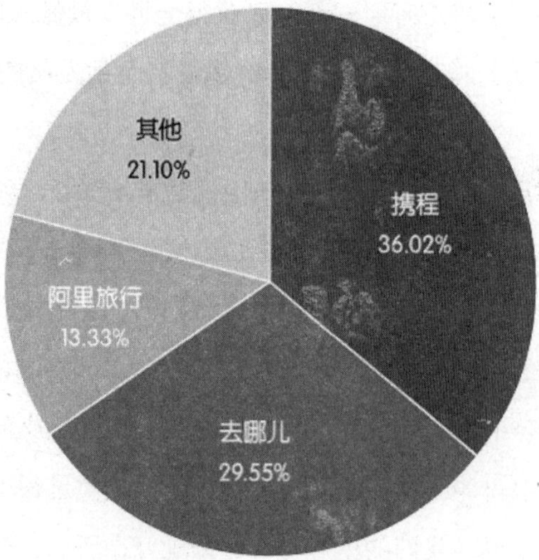

数据来源：易观智库

在研究中国经济的时候得出了一个结论：人口问题是中国经济最大的问题，当时中国的人口政策特别迫切地需要调整。

我研究创新创业时发现人口其实对创新创业的影响非常大，一个是规模效应，一个是结构效应。经济学家现在对这个问题的研究很少，其他国家不存在这个问题，因为人口不是一个经济问题，是一个自然问题。从某种程度上说，中国确实是把人口优势当成了一个劣势来对待，社会精英包括学界都有很多的误区，我意识到这是一个很严重的事情，同时我自己的观点也比较独特，自己也有更多的资源，所以我就想要呼吁这个事情。

对创新创业和人口之间的关系，我觉得自己还是有些感触的。我们携程做得这么好和中国的大市场有很大关系，中国互联网公司在世界领先也是和中国市场规模在世界最大有关系，当然这只是一个条件，创新创业还有很多其他课题。比如我们这样一个大公司怎么把创新创业的活力激发出来，这个才是很值得研究和实践的问题，携程也准备做这个事情。

差异化竞争

最近大家都在关注携程与阿里旅行的事情，很多人用“封杀”来形容这事，其实我觉得“封杀”这个词用得有点过分，不能叫作“封杀”。携程本来就一直跟供应商有合作，我们合作的前提一定是保证携程能拿到一个最优的价格，否则对我们的客人不公平，他们到携程来是因为对携程放心，认为他在这边拿到的价格应该是最优的。

携程的体量最大，采购能力应该最强。有些供应商在携程上放一个高价，是因为他们认为携程的客户都是高端客户，对价格不敏感，可以承受较高的价格。实际上也确实是这样，但作为平台而言，我们不能这样做，这些高端的客人相信携程，肯定是相信携程的品质，相信携程能够拿到最优的价格。所以我们就希望供应商既然想要合作，就要保证我们拿到的价格是最优的，起码是不输于其他平台的。

有些平台他们要搞一个促销，一定要供应商给他们搞一个优惠的价格，但是这样对携程和携程的客户就不公平，所以我们会有一些措施。

其实阿里旅行也不是在跟我们打，它主要是在跟去哪儿打，去哪儿更接近他们平台的模式。去哪儿在机票上和我们所占的市场份额差不多，都比阿里旅行要大得多，对供应商也有在价格上起码不输于其他平台的要求。携程要改造和提升整个旅游行业的效率，阿里旅游认为携程等在线旅游公司做得不好，所以他们要来做这样一件事。其实，效率好不好不是谁说了算，还是要看市场份额和企业获得的利润，如果效率很高，那么就应该是赚钱的。退一步说，如果大家真的都是做效率，而不是靠价格战，是靠品质和服务竞争，那么大家都会有生存的空间。

当时《福布斯》写了一篇封面报道批评电子商务，那段时间大家对电商、对马云的抨击都很多，说什么“电商不死中国不富”之类的东西，我觉得这个说法就有点太过分了。

我们携程其实也是电商，无论如何，电子商务、互联网公司对整个社会效率的提升，对于创新的促进都是非常有好处的，因为信息的透明，更好的产品能够更快地被营销出去，这是一个好的事情。电商导致失业这个逻辑完全不对。

携程其实有时候也会受到类似的诟病，比如有一阵子说因为携程等在线旅游公司的原因小票代理都没生意了、失业了。这个跟电商导致失业的逻辑都一样不对，我们的效率更高，就会雇更少的人做更多的事。我的这个文章其实是对电商模式的肯定，电商确实更容易控制服务质量。

十多年前马云第一次办“西湖论剑”的时候我们就见过，马云是非常令人尊敬的企业家，他不光在电子商务上是做得最好的，在企业管理、合伙人制度等方面都是很有创新的。

我跟他没有其他人和他那么熟，因为我有六七年时间跟教授一起读书、做研究。以前和李彦宏接触多一些，这两年才和他们接触得比

2013 年梁建章回归后携程进行的投资

投资时间	公司	公司 主营业务	交易形式	占股
2013年5月	快捷酒店管家	酒店查询、预订	600万美元	33%
2013年8月	上海大都市旅行社	酒店批发	800万美元	51%
2013年8月	香港华闵旅游	酒店批发	1600万美元	收购
2013年10月	蝉游记	旅游攻略	3500万元	收购
2013年11月	众安在线	互联网保险	5000万元	5%
2013年11月	慧评网	酒店大数据	2200万元加股权	35%
2013年12月	如家酒店	快捷酒店	N/A	15.39%
2013年12月	汉庭酒店	快捷酒店	N/A	9%
2013年12月	一嗨租车	在线租车	9405万美元	19.6%
2013年12月	易到用车	在线叫车	2300万美元	20%
2013年12月	7天连锁酒店	快捷酒店	2550万美元	4%
2014年1月	途风网	欧美旅游	2309万美元	战略投资
2014年4月	同程	门票、周边旅游	2亿2800万美元	约30%
2014年4月	华远国旅	欧美旅游	N/A	控股
2014年5月	途牛	度假旅游	吸股	4.6%
2014年7月	世纪明德	游学服务	N/A	收购
2014年9月	天海游轮	游轮	5250万美元	70%后
2014年9月	晶赞	大数据营销、DSP	千万美元	投资
2015年1月	Travelfusion	廉航预定	超1亿美元	控股
2015年5月	艺龙	在线酒店预订	4亿美元	37.5%
2015年10月	去哪儿	OTA平台	换股	45%投票权

较多。

我们有一个小团队在做周边游，主要产品是酒店加门票，酒店本来就是我们的强项，门票和同程合作得不错，在这一块携程有优势。“新美大”成立了酒店旅游事业群，主要开发周边游市场，不少人会关注携程会如何对待来自新美大的竞争。

其实我们两家对消费人群的定位不一样，携程的客户以旅行客户为主，他们对携程的品牌，尤其是对携程高端酒店的认可度比较高，美团是相对低端品牌的酒店，比去哪儿还更低端一点。由于消费人群和定位不太一样，所以不太担心。

两家公司都非常有动力去协同，因为业务上有些地方以后可以不用重复去做了。比如有些内容我们开发了一套系统，去哪儿也开发了一套，但是其实这个东西我们是可以共享的，那么我们就会双方去共享，这样就可以避免重复投入。

在业务方面两家会有不同，比如在营销方面会各有侧重点，定位方面也会有所不同等。携程会延续之前的定位，更高端、更注重服务；去哪儿更年轻、更中低端，价格更优惠一点。

团队方面基本上保持独立，不融合。

携程的战略布局

金融业务方面，携程投资了众安在线，也成立了自己的金融业务部，金融业务还是会停留在和旅行相关的业务上，如换汇、购物。“程涨宝”是一个创新的尝试，买了我们“程涨宝”的人都赚了好多钱，实际上这个产品还是非常创新的。后续的话还是跟旅行相关，不会像其他人那样，有去换钱、购物、外汇这些所谓的金融服务。

天海游轮2016年完成首航，总体来说我们的服务品质还是不错的，不过真的要更符合中国人品味，还需要很多努力，这需要一个过程。目前的航线还是偏短，航线方面的突破也要有一个过程。

在2016年7月份同程新一轮融资中，携程没有参与。他们钱拿得比较多，投资方是万达，万达太有钱了。不过目前我们还是和同程保持着很好的合作关系，我们的占股也还是相当大的，接近20%。

最近获得了priceline和另外一机构投资者共计10亿美元的融资，10亿美元现在也真的不是太多。我们还是会进一步投资一些好的垂直、细分企业，甚至是投资一些资源性的产业链上的企业，海外也会投资。对于一些新起来的创业公司，只要是好的团队、好的模式，我们会继续投资入股。

出境游日渐火爆，国内在线旅游公司面临越来越多来自海外公司的挑战，实际上在很多地方我们现在的规模都超过国外公司，因为中国人在很多地方都是当地第一大客源，我们在当地有很强的采购能力。比如在亚洲市场的泰国、韩国，中国人都是最大客群。

不过在欧美地区，跟本地人比起来我们还是一小部分。在这些地区我们和全世界最大的酒店预定网站pricclinc有战略联盟，它也是我们的投资者之一，所以在全球这块我们就加强了很多。

公司文化

我曾说希望携程能够为员工提供一个创业的舞台，我们的做法就是把它设计得像创业公司一样，它可以自己投钱，甚至可以拿一些期权和干股，可以自己去做一些新项目，甚至去投资和收购一些东西。基本上就和创业公司差不多，但拿的股份没有那么多，因为毕竟跟创业公司不一样，风险没那么大，它拥有携程的资源。

我认为这是一种很好的创业方式，风险相对外面的创业公司要小很多，又拥有携程品牌下的资源，更容易成功。现在我们已经有十几个团队了，在携程网站上可以看到的每一个宫格都是一个小创业项目，现在有些还没有宫格，有些已经做大了。比如火车票，三年前成立的一个团队，现在已经出了一两亿张票了。

行业前瞻

2014年在线旅游对旅游产业的渗透率为8.3%，要么是这个数字低估了，要么就是2015年发展得特别快。从机票这一块来看，携程加上去哪儿占中国市场将近50%，酒店是百分之十几，所以电子商务率已经蛮高了，未来还会更高。以后肯定只有一小部分人通过电话去订酒店、机票，百分之七八十的人都会通过手机、互联网来预订。

在“互联网+”浪潮之下，很多酒店、景区、大交通公司都在发展自己的电商渠道，一旦它们的电商渠道成熟，对在线旅游公司的依赖就会降低。旅客可以直接到酒店、航空公司网站上去订，但不是主要的。用同一个APP能够订各种产品会方便很多，所以以后主流方式肯定还是通过旅游网站、旅游APP。

当然，未来个人并不是说没有选择，他可以通过携程，也可以到酒店网站、航空公司网站。所以对于我们来说，未来最大的挑战还是要不断提升客户的体验。

周　晔

新金融必将“痛并成长着”

周晔　现任汇付天下有限公司创始人、总裁，曾任银联电子支付公司总裁，华腾软件公司高级副总裁，毕业于复旦大学、中欧国际工商学院 EMBA 等。周晔先生长期专注于支付行业，先后参与第一个金卡工程项目建设，主持中国第一个网上支付网关的技术建设和商业运营，被誉为“中国网上支付的拓荒者”。

我被无数次问及对“中国式互联网金融”的看法。在我看来，目前以P2P网贷为主的新金融行业会经历一些混乱甚至低迷的阶段，但只是暂时的，不会影响新金融行业整体发展。主流金融机构服务供给弱或者未服务的领域，都是新金融业者的发展机遇，而支付业者在新金融领域中发展潜力将会非常惊人。

短痛

除了用互联网金融来描述中国金融领域涌现的各种新现象新模式，互联网金融更多应该从技术层面来阐述新现象新模式的特点。

新金融有两类表现。一类是基于互联网技术而产生的金融的新模式、新业态，比如网络信贷、网络理财、众筹等；一类是一些类金融的边缘性牌照，如小额贷款、融资租赁、消费信贷、私募基金等，在监管宽松的环境下，这些形态风生水起。

那么新金融需求一直都存在，而其发展实际上是两大助推力：长周期而言，技术是最大的助推力；短周期来说，监管则是最大的助推力，而最近几年高速发展的引爆点是政策监管的宽松和地方政府的鼓励。

过去半年多来，新金融行业发展可能遇到了“痛苦”的时候，我认为这也是金融发展的一般路径——所有的金融风险管理经验，都是用行业的鲜血换来的，从来不是设计出来的，血流过后，行业就成长起来了，因为留下来的，都经历了风雨的洗礼而更具生命力。

从需求侧来看，需求永远存在并且巨大，从监管来看，政策监管在全球都是总体放松，虽然会有所反复，但就像刹车与油门在换，车却一直向前。对从业者来说，心态上保持沉静，不因刹车而灰心，不因加油而张狂。

效率

如果说“互联网金融之痛”是行业讨论的共识。那我们不禁要问，为什么会痛？

我个人的观点是，中国新金融业者过度重视创新而忽略了效率，是目前行业中问题所在。我在中国新金融行业里与大家交流，发现大家都只提创新；我在美国走访了十几家金融科技公司，问他们最核心的是什么，他们的答复居然惊人的一致：效率！

我们不禁扪心自问我们强调的创新到底是什么？到底有怎样的风险？在我看来，不管是因为无知无畏而产生的创新，还是因为基于专业能力而开展优化的创新，在金融业务中都是危险的事，可能意味着违规、意味着监管套利，也可能意味着直接打乱既有利益格局而引起各种负面的反馈。

互联网的价值，在于建立了不同主体的连接并促成其沟通，因为最大的连接就是沟通。人与人的沟通成就了微信，买卖双方的沟通成就了阿里，而金融的沟通其实就是资产与资金的连接，会成就谁，又怎么成就呢？

机会

我们不断地在思考和探索新金融这个领域，我们一直在问自己，新金融的机会到底在哪里？总体而言，新金融的机遇在于主流金融机构服务供给弱或者根本未曾服务的领域，而其中最大的机遇在于产业金融。

产业金融是个泛称，不同的人理解不同，传统金融机构的人认为与实体经济相结合的金融就是产业金融；汇付天下则认为，与交易场景紧密结合的金融，才是产业金融。传统机构虽然有品牌有资金，但是不够理解行业，不够理解需求，不够理解资金流的规律，不够理解行业资产的风险特性，所以为新金融留下了巨大的发展空间。

金融与产业结合有不同的做法，新金融机会到底在哪里？

第一是通过产业链来结合不同的行业来拓展，大部分交易主体都是在行业中，资金在链条中流动，行业规模足够大，物流、资金流流向都很明确，那么我们就可以做，比如汇付天下一直在产业链中提供服务，航空业、基金业等都很有收获。

第二种做法是针对商业主体的各类融资的产业金融，也可称为公司金融。比较多的是资产管理方向，比如银行的资产业务、信托及资管公司的资管业务。这些资产托管业务对资产的评估定价也是顺着产业的发展或脉络来的。而即使在这样的业务领域，传统金融所做到的也是比较有限的，甚至在组织架构都是更多按地域划分，很少按行业划分或设置。新金融机构同样可以做更多。

第三种做法是结合产业发展的个人消费金融。在个人业务中，银行只看重通用类的需求，比如希望通过一张信用卡搞定个人的全部消费需求，不与个人的具体消费行为相关（唯有房贷与车贷例外）。但市场上有无穷多非标非通用的消费，比如家装、航旅等，这些都是新金融的发展机会。

未来

做了这么多年支付，许多人问支付企业的发展方向是什么？

从支付的发展过程可以看到，支付从工具属性的业务，成为了可以架构各种金融业务的主体业务。于是支付公司逐步深化成从事资产业务或资金业务的金融公司，这也客观上要求支付公司获取开展相应业务的牌照许可。

过去支付公司追求规模，是靠规模的提升获取更大的支付服务收入，规模是目的；但现在规模则已成为了手段——通过规模的提升，获取更多的客户、掌握更多的资金流。基于和过去完全不同的业务逻辑，支付公司正在谋求建立以支付为基础平台的金融生态圈。

基于此，我认为支付发展有两个方向，一个是沦为大集团的工具，一个是走独立发展的道路，替小微企业或个人做独立的账户管理服务。

在新金融领域，汇付天下发现新金融机构有两个基本特点，一是规模都比较小，二是运营团队中有金融专业人士。这意味着他们可能具备开拓金融业务的团队能力，却缺乏一些基础性的支持能力，也就是我们讲的新金融必须要有的基础设施，就是金融的“水电煤”。汇付天下希望为新金融的发展提供基础设施：新金融账户+。

杨浩涌

创业要决胜“势能”

杨浩涌　曾于硅谷世界最大的网络安全公司之一 Juniper Networks 核心开发组从事研发工作，并创办 Tromphi Networks 并任 CEO。现任北京飞翔人信息技术有限公司 CEO 。2005 年 3 月，联合创办赶集网。2015 年 8 月 6 日，任 58 同城董事、联席董事长和联席 CEO；同年 11 月 25 日，卸任 58 赶集集团 CEO 一职，但保留集团联席董事长职位。

创业者经常要在不同场合讲话，第一句话往往是跟自己的团队说的，比如“我们不要去关注竞争对手，专心做自己就好了”；第二句话是跟同行或者投资人说的，比如“市场这么大，大家都有机会，我们和竞争对手都可以做得很好”。

但现实情况是，每个创业领域并非是急需创新、变革的行业，而且不论是处于A轮、B轮，甚至是C轮的公司，可能正与竞争对手一起占据10%的市场份额，还有90%的市场是没有拿到的。

因此，在当前这个市场，你和竞争对手拿多少份额没有太大的区别，重要的是未来的5 ~ 10年你拿下剩余的30%、40%还是70%，这个决定了你将来在这个行业的地位和发展前景。

正如《孙子兵法》所云：“故善战者，其势险，其节短。势如扩弩，节如发机。”在与对手的竞争中，创业公司建立自己的势能、把握节奏感非常重要。

后发制人

2011年我们拿了约6000万美元的融资，在融资之后的春节打了一场广告战，花费3000万元。打完广告后，我们流量涨得非常快，DAU（日活跃用户数量）从200万涨到400万，两个月内翻了一倍，这是非常好的结果，然后赶集网就开始迅速扩张。

58同城看到以后，内部定的战略是用双倍的广告费去竞争，所以他们也拍了一条广告："58同城一个神奇的网站。"我们看到他们打广告以后也开始跟进。于是，从2012年4月份起，两家公司开始激烈地竞争。

在2012年，我们团队犯了很多错误，这也是每个公司都会经历的创业之痛，即在快速壮大以后，公司在团队管理、企业文化等很多方面跟不上。我是做产品研发出身，2005年创立赶集网，在2011年融资时公司差不多是100人。2012年，在主营业务没有获得盈利和优势的情况下，开始多元化扩张，做了很多其他业务，比如蚂蚁短租、团购等，人数一下涨到2500人，但在我们的核心管理团队中，没有一个人管理过这么多人的队伍。人数激增、猛投广告，2012年年底赶集网巨亏，人员也降到了900人，这是非常惨痛的经历。

2012年，我们开始缩减开支，把所有的广告撤了。而58同城的线下团队管理得比我们好，一直在打广告。2013年，赶集网拿到一轮4000万美元的融资。这时，我们团队跑到北京郊区去讨论58同城的竞争优势，当把竞争对手所有的优缺点列出来后，发现优点全部在竞争对手那里，而赶集网唯一的优势，是竞争对手不重视我们。

从市场上的数据来看，当时的"势能"已经跑到竞争对手那儿去了。比如，我们两家去投hao123的广告，都花100万元，我们一天的流量可能只有90万，而对手有170万。做用户调研时，问用户为什么选择58同城而不选择赶集网？我们得到的第一个答案是"用58同城用惯了"，第二个答案是"周围人在用，所以我用了"。新用户被58同城影响了，我们这个仗就很难打下去。

我是个非常幸运的创业者，在后面两年时间抓住竞争对手放松的机会，最后做到合并。

建立势能

创业的“势能”，就像你和竞争对手在平静的海面上划船，如果有一个浪推着，你划一下比对手划两下还快。势能在创业过程中是非常重要的。媒体和用户提到这个行业时首先提到的企业，其势能最佳。这样的势能建立起来时，你会发现不用花广告费，公司排名也很好。所以，创业公司要不断地去建立势能。

在创业过程中，不管是市场寒冬，还是特别好的时间，都有机会甩开竞争对手，尤其要借助资本的力量把自己带到下一个阶段。所以创业者要早些拿到融资，这会给团队带来信心，给竞争对手压力，从而增强企业的势能。具体体现在品牌的势能——占领用户心智、第一提及、媒体及第三方认可的行业领先者、品牌影响力第一。

团队的势能也非常重要。一旦你获得这样的势能，会让剩下的事情跟着你走。你要尽早拿钱去建立这样的势能，然后去建立比对手好的团队。这时，公司早期的文化就会显得非常重要。公司在只有100人的时候，要给他们讲你的梦想和愿景，把早期人员打造成具有高度文化认同感的“同类人”。如果公司发展到几百人，你再想建立这种文化就非常难了，这些人会被前100人影响。如果前100人打了鸡血、非常拼命，后面的人会被他们影响。如果早期没有这样的团队，后期也不会有这样的团队。

我们要有这样一个团队：能够去拼刺刀，但却不要去拼刺刀。因为兵法里说“杀敌一千，自损八百”。建立自己的势能，做到“对手划两下，你只须划一下”，就可以决胜千里之外。

计算BMI

再看一下创业的节奏感。创业需要节奏，紧凑而有力。这是《孙子兵法》的一句话：“是故善战者，其势险，其节短。”发动的攻击不管是市场营销，还是打攻坚战，一定要短促有力。

创业公司的商业模式在大规模推广前，需要回归到商业的本质，通过计算企业的BMI指数（身体质量指数，Body Mass Index），来衡量你的运营体系是否足够健康，其中包括你获得一个用户的成本是多少，次留存、周留存、月留存是多少，用户在他的生命周期给你贡献多少钱等等。这些东西算好了以后，要把这个拳头非常迅速、有力地打出去。在BMI指数做好之前，做任何推广都是非常伤害公司的举动的。

此外，创业公司要借助资本的力量。很多问题在当前阶段解决不了，比如人才、技术、市场的问题，借助资本的力量把自己带到下一个阶段。所以不要在融资的估值上太纠结，拿到一个知名机构给你投的钱，拿到一个比上一轮融资高四五倍的钱，用这个钱解决你当下解决不了的事情。

团队的建设也是一样的，在A轮的时候很难请到大牛，但是不建议在第一时间把这个团队打造得最好，把自己的中层团队做好其实更重要。因此，公司在定目标时，要定动态的高目标，以一个月和三个月为宜，然后自上而下激发全员斗志，把目标实现即可。

唐红浙

创新“互联网+教育”平台

唐红浙　来自上海互加文化传播有限公司，又称“沪江网”，担任高级副总裁。十年创业，团队从 8 个人、8 万元起步，到如今拥有几亿受众，8000 多万注册用户，成为平台类和移动端用户数最大的在线教育企业。

互联网教育的中国机会

为什么是互联网教育？而不是教育互联网？这里有一个非常重要的区别，就是我们在公司内部非常强调：沪江是一家互联网公司。互联网代表什么？代表一种开放、公平的态度，代表着用户至上，代表快速迭代。教育是什么样的？大家应该很清楚，它有很多年历史，但是它相对稳定，不太容易变化。

我们曾经想开发一套试卷，可能一个礼拜就能完成，但是，问题在于，当完成的那一刻，可能这套试卷就落后了。为什么？因为它里面的整个结构是固定的，不能够快速地迭代，这就导致这张试卷一出来就已经过时了。所以，我们一直强调互联网教育，而不是教育互联网。我想就自己从事互联网教育这些年的思考，结合行业分享一下。

教育宗旨就是公平

首先，互联网教育是大规模、复杂交互的。只有当真正能够覆盖到每个人的时候，才是互联网教育的本质。复杂交互是什么意思？像我们的电视、广播，从一个点广播出去，没法有一个深度的交互。沪江怎么做这件事情？沪江开发了一套在线学习技能——OCS系统。所有的课件分享、学习行为、笔记，都可以在上面完成，这样才有可能把所有的数据进行沉淀，数据最终是决定所有行业根基的基础。所以说，大规模复杂交互对于互联网是非常重要的。

其次，普惠性。在中国，富人缺不缺教育？他们不缺，因为他们有钱。他们可以买学区房，他们也可以请家教。但是互联网教育是不是只服务于这一批人？不是的，它应该是更宽的维度，他应该能分层解决更大范围人群的学习，比如农村孩子的学习。

我们帮助过一家在四川农村偏远地区的贫困小学。这个学校一共只有10个学生和1个老师，语文、数学、体育都是这个老师上的。为了帮助这位老师和这个学校的教育，我们给他们配置了电脑，当这位老师打开电脑的沪江页面的时候，里面会有我们在上海地区整合的各种优质的教学资源，通过互联网学习，就能对这位老师的工作减负，同时提高他的教学效率，更重要的是，能够让这个贫困小学的学生和上海学生一样，获得优质的教育。我们做过一个统计，全国10个人以下的学校约28000所。传统教育资源根本解决不了他们的问题，而互联网教育则提供了公平。

目前，我们在云南、贵州、西藏等地资助有很多贫困学校，我们也参加一些公益活动，也会教学生文艺，也教他们手工。这些孩子是非常有活力的。我们认为，普惠是互联网教育非常重要的特性。

一切围绕用户体验

学习者都知道，一个人学习的时候如果没有挑战，可能学着学着就没有动力了。如果是一起学会是什么样的情况呢？社区学习带来的是一种分享，一种交流。这当中有很多关系，包括学生和老师之间的关系，同学和同学之间的关系，这些关系的沉淀，促使学生与这个平台有更大联系。所以社群教育也是互联网教育的重要特征。

沪江走过很多探索之路，我们最早就是从大学里的BBS开始，进行资料交流、学习沉淀，就这样一步步走过来。那个时候，沪江是围绕学习、围绕交流、做好自己。

第二个阶段是什么？当时豆瓣很火，包括Facebook也很火。我们把这些东西，进行了聚合，做成了一个Web 2.0的沪江社区。这个社区是以学习者兴趣为导向的，如果用户喜欢美剧，就可以建一个美剧的社团；如果喜欢日剧，也可以建一个日剧的社团；有些人喜欢思维导图，有些人喜欢时间管理，每个人都可以建立属于自己的圈子。

对于每个用户，如果发生一些争吵或者是比较乱的内容，很快就被消灭了，这个消灭不是靠沪江，而是靠会员，每个会员看到好的内容就会分享，不好的内容会一起投诉。这是我们在2.0时代做的重要事情。

教育需要慢功夫

2009年的时候，业务转型，服务为先。我们整个网校体系中，1/3是课件，1/3是测试，还有1/3是服务。我们在服务里加入了很多班主任、学习委员和助教这样真实的角色，希望营造现实中的校园氛围，让这些东西激发学生，鼓励他们，让他们感受到学习的快乐。到目前为止沪江95%的内容都是免费的，包括BBS和Web 2.0。我们开始建立了B2C业务。沪江为什么能够支撑？核心在于服务。

在发展特色当中，面临的挑战和风险非常大。这个过程中，我们能不能做到与时俱进？从BBS到Web 2.0，在新浪博客还没有出来的时候，我们做了最好的教育博客。另外，还做了其他的产品，可以说是九死一生，但是现在沪江已经成为一家移动互联网公司。另外有学习资讯、学习社交、核心工具，包括录播、直播的，一分钟就可以完成你当老师的梦想。这些产品在教育网里目前排名100名左右。

沪江将来到底能走多远？我们已经走了十几年，那个时候根本没有人说互联网创业，我们那个时候想招聘一个技术大牛，他们觉得薪水太低，这是很现实的。但是现在不一样了，互联网创业非常火，每天大概有2.6个互联网教育公司诞生。但是，教育这件事情还是有它的节奏，不会说一下子把你催肥，或者说只是虚胖，还是要把基础打扎实，包括基础产品和一些业务模式。我们希望用自己的能力，使互联网教育，包括学习资讯、学习社交工具与核心的教学能力，在全球都占有一席之地。

从全球角度来看，最喜欢学习的是哪里？是东亚，是亚洲。亚洲最喜欢学习的国家在哪里？在中国、韩国、日本。我们拥有这么庞大的用户基础，这就是机会，所以我们坚信互联网教育未来在东方。

创新“互联网+教育”平台，让教育惠及更多百姓

十年创业，我和我的团队从8个人、8万元起步，到如今拥有几亿受众，8000多万注册用户，成为平台类和移动端用户数最大的在线教育企业。

创业者的天空并不永远都是蔚蓝，创业者的人生从来不乏艰辛和挑战。回顾十年创业路，我庆幸我选择了坚持。十年前的互联网教育

社会普及度不高，做游戏远比做教育赚钱容易得多，当很多做游戏的企业早早上市了的时候，我们的企业差点因为没法赚钱而退出上海。为了生存，我们曾经依靠做广告维持运转，但是，即使我们6个人拥挤在一个两室一厅的房间住宿，甚至迫不得已我只能住在厨房里，我也从未想过放弃。因为我坚信，在线教育是一个业在今朝、功在千秋的事业。因此，我和我的团队从一个个用户服务开始，从一片片区域拓展起步，从点滴服务体验抓起，硬是在激烈竞争的市场中赢得了口碑。现在，8000多万的用户中，每年有300多万的付费用户在不断地支持我们做互联网教育。2014年，百度为了抢占“互联网+教育”的风口，也为沪江网注入了大手笔战略性投资。

21世纪是互联网时代，站在互联网风口，创新是我和我的团队永远的追求。2009年开始，我领衔完成了一项全新的网校系统，相比以往，它不是把教育内容单纯地摆在线上，而是在模拟、或者说是在创造一个连接线下的在线教学场景，开创了在线教育崭新的模式。作为教育领域的互联网企业，我和我的团队每天都在接受挑战，从论坛到网校，从录播课程到直播教室，从PC电脑到移动终端，每次跨越都是0~1的过程。比如在PC和移动端，我带队研究探索了更为快速有效的音频、视频数据传输和在多屏之间实现学习内容的同步。这一技术的突破，将为社会提供两万人同时在线学习同一堂课程的在线体验，颠覆性地突破了传统教育的瓶颈，革命性地开启了在线教育的“3D”模式。在研发新技术的同时，我们也一直在推动优质教育资源的输入，实现了美国开放课程MOOC巨头Coursera与网校达成内容合作，不久前与英国剑桥大学出版社(CUP)也达成了教育资源合作。

创新互联网教育，让社会分享创业者的成果，既是沪江网的追求，更是我的毕生梦想。为了让农村里的孩子能像城里的孩子一样享受在线教育，我和我的团队在为山东荆家中学送去一批电脑的同时，也输送了沪江网平台上一批优质的“师资”。从此，老师不必亲自去山东支教，而是在家通过一根网线就能给学生授课，现在，孩子们在网校里再也不用担心找不到老师和想学的内容了。有一位患有渐冻症的丁姓上海女孩，由于肌肉萎缩，行动不便，失去了正常参加课堂学习的机会。小女孩十分渴望学习知识、获取本领，走上自立自强的人生道路。小女孩顽强、执着，不畏艰难的人生态度给了我很大的激励和动力，我们主动帮助她规划课程，助她实现人生梦想。通过网络学习，小女孩分别掌握了英语、法语和德语，还获得了2008年北京奥运会火炬手的殊荣。

回顾十年创业路，我深深地感受到上海海纳百川的胸怀、宽广的创业空间和浓厚的创新氛围。前不久，上海市委书记亲临沪江网考察指导，关心我们的创新发展，还亲切地鼓励说，从我们身上充分体现了“什么叫大众创业、万众创新”。市委领导的鼓励和殷切期望，使我在备受鼓舞和鞭策的同时，更感任重道远。在“互联网+”的战略背景下，我将继续发扬“大众创业、万众创新”开拓精神，继续做大做强在线教育事业，为老百姓提供更多的学习便利、更完善的体验、更便捷的成才途径。

黄大容

把客户的钱视为自己的钱

黄大容 80 后经济学硕士，精通英语和德语，先后在复旦大学股权私募班和中欧商学院创业营进修深造。23 岁创立第一家公司，25 岁涉足互联网金融，随后连续创立 8 家金融相关公司，被业内誉为互联网金融“女掌门人”。

在移动互联网和信息技术革命推动下，金融业架构中的“底层物质”正在发生深刻变化。移动化、云计算、大数据等大趋势引发金融业“基因突变”。这种变化使得传统金融业版图日益模糊，各种新生模式层出不穷，如果说传统金融像一块块巨石，而通过优化资源配置与技术创新产生出新的金融生态、金融服务模式与金融产品、金融主体则像流动的沙子，填补了传统金融的缝隙。

以我和团队共同创立的麦子金服而言，创立之初，就确定了“科技改变世界，让金融温暖而可及”这样的初衷。经过7年的运营，我们拥有了诺诺镑客、财神爷爷、名校贷、大房东、麦芽分期和UNIFI等六个品牌，它们分别在细分领域里自树一帜。期间，我们还获得了海通证券旗下海通创新资本数亿元融资，以及荣登互联网金融十大创新英雄榜等等，但我们的初心却依然如故。

形成三个优势群

过去7年，麦子金服潜心实践，精益创业，用移动金融科技构建了六个移动金融应用品牌，覆盖金融客户的全生命周期和基础金融资产的全维度：国内大学生消费分期品牌名校贷，覆盖全国2856所高校、2600万学生；海外留学生消费分期品牌UNIFI，覆盖北美4000余所高校近50万留学生；服务类消费分期品牌麦芽分期，覆盖全国50个城市和韩国；住房抵押融资品牌大房东，覆盖上海、南京和苏州；综合移动财富管理平台财神爷爷和P2P互联网金融平台诺诺镑客，服务超过575万用户，累计交易额约202亿元。

在行业中，我们形成了三大优势：以口碑营销为核心的低成本获客体系，麦子金服的获客成本仅是同行获客成本的1/5；以水滴风控为核心打造的一键式信用评分评级系统，可以在10分钟内出风控结果，水滴风控体系的成果是学生类资产M3以上的不良率约为2.45%，其余三大资产M3以上的不良率为0；整套以开放性平台技术为核心，可支持千亿交易规模、高频运转且保持安全、稳定、高效的金融科技服务系统。

未来，麦子金服将进一步增强金融技术的研发投入，并将7年来累计的产品运营、大数据风控模型、交易结算系统技术通过开放性的技术平台整合成更完善、更智能化的综合性移动金融技术服务体系。麦子金服将从过去的单一信息中介转向全方位的金融科技服务输出型集团公司，并希望这种输出为从事互联网金融的小型银行、小贷公司、担保公司以及电商公司等有需求的金融机构/类金融机构或拥有金融属性模块的非金融类公司提供整套安全、高效的移动金融科技服务。2016年度，麦子金服预计将和120家金融和类金融合作伙伴达成战略合作协议，并帮助至少50家合作伙伴实现系统的全面对接。

培育“霸道总裁”

相比这些运营成绩，我认为麦子金服最有价值的是人才战略。在内部，我强调三个原则：用人唯贤、不唯亲、不拘一格降人才。

不唯亲、只唯贤方面，在集团600多名员工中没有一个人是因为和我有亲戚朋友关系而进入的；我们选才不唯年龄，也不唯辈分，更不唯富贵尊显，只凭才德与干事的结果。我们集团中，甚至有一名年龄最小的事业部CEO只有24岁！

为了配合2016年的战略升级，我们原有的在职股东一致同意出任公司“政委”，将各部门一把手岗位留给更有管理经验和更富专业性的高级人才，比如原陆金所CTO翁明军出任技术负责人，原复星集团总部高级财务总监徐吉出任财务负责人，原阿里巴巴集团业务负责人杨恒出任运营负责人等。

我们既重视外部人才的加入与融入，也重视内部人才的学习和培养。在内部，还成立了麦子学院，对600位员工量身定制成长计划，通过内训和外训提升员工的综合实力。未来，我们将继续大力引进金融和互联网相关人才，并积极做好两种文化的有机融合工作。

每天如履薄冰

互联网金融公司最大职责是不遗余力地保护投资者权益。因此，这7年来，我们每天如履薄冰，只为不辜负客户对麦子金服的信任。我们一直坚守“三不涉”：不涉钢贸联保借贷、不涉场外配资、不涉首付贷。在这三次让很多金融机构遭受巨大损失的浪潮中，我们没有损失过投资者一分钱。

未来，麦子金服不仅要继续把客户的钱视为自己的钱来看待，更要在合规经营中继续把控正确的方向。我们将继续与合作伙伴一起，主动接受政府监管以及客户监督，对自己负责，对公众负责，稳健发展；在一些特殊的借贷领域，麦子金服还将继续对用户进行思想上的引导和权益上的保护，比如对于学生消费分期，麦子金服将继续引导学生“取之有道，用之有方”的观念，引导学生合理消费、鼓励学生充分发挥微创业&创新积极性，以敢于实践、敢于实现梦想为导向，对学生合理的金融需求给予支持，并且以“良币驱逐劣币”的定价策略来做好对投资人的保护。

张 俊

消费金融目标 3 年 30 亿

张俊 全国首家互联网信用借贷平台拍拍贷的联合创始人，现任上海拍拍贷金融信息服务有限公司首席执行官。2007 年作为联合创始人创立了拍拍贷，张俊致力于网络信贷的业务模式创新、信用评价模型和风险管理体系建设，朝着实现普惠金融的目标前进。

尽管我是拍拍贷的创始人兼首席执行官，但这些年来，我更看重自己在公司的另一个身份——拍拍贷研究院首席研究员。这个职务让我在运营企业过程中，始终思考互联网金融在中国的发展和遇到的一些问题。

我想和大家分享我所认识的中国消费信贷市场的发展，以及关于我们这么多年所做的消费金融到底是什么，以及我们的目标和战略布局。

5亿人口红利市场

中国人的消费观念和美国人的消费观念有很大的不同，我们的消费更多的是量入为出。但在美国，几乎每个美国人都在超前消费，他们消费不光靠自己的收入，同时还靠银行的杠杆和信用卡来支撑。也许，我们有一天也会复制美国消费模式。

我们的消费金融现在发展很快，但同时也看到我们的差距还很大，跟美国比较一下，截至2015年底，美国信贷余额有17.4万亿元，中国只有10.4万亿元。在个人信贷对比信贷余额中，美国占到了83%，中国只有50%。而在个人信贷中，针对消费信贷，美国占23%，中国只有12%。可见，我们的消费信贷仍然处在一个初级阶段，一个起步的阶段，跟发达国家比还有很大的距离。

虽然，我们的消费金融在不断发展，但是真正的个人消费却一直处于被忽视的领域。大部分的所谓消费信贷，依然是以房贷、车贷、信用卡贷款为主，而我们小额高频次的消费贷款，却一直没有得到很好的发展，甚至有下降态势。

再看一下我们的人口组织。我们有近14亿人口，除了4亿年老、年幼的人口之外，约有10亿人是可以符合我们金融服务的门槛的，而在这10亿里，有7亿的互联网人群，在7亿的互联网人群中，又可分为两亿的信用卡人群、5亿的非信用卡人群——或者称之为信用空白人群，这是一个巨大的、未被开垦的、被长期忽略的市场。这是拍拍贷所看到的市场，也是拍拍贷正在致力于开发服务的人群。如果我们能够很好地服务这5亿人，我们就能够帮助国家把所谓的复合金融体系建立起来，使得每个人都有机会获得这种服务。

互联网金融三个壁垒

为什么传统金融机构不愿意去服务他们呢？或者说，为什么有这么一个优质的人没有得到服务呢？这涉及门槛的问题。比如说传统的银行金融机构，它们的服务方式其实相当落后，这种方式没有办法去服务特别小额的借款，同时它们可能也缺乏一些技术手段去识别这些人的信用。

现在有不少的机构，包括互联网企业，它们意识到需要通过线上的方式来解决信贷的问题，来帮助更多的人获得更多的信贷，像京东的白条、阿里的花呗、腾讯的微粒贷，都是相对发展比较快的机构。但是，我们发现，迄今为止，这三家主要服务的还是信用卡人群，因为服务对象有相对比较完善的信用记录——这是一个很严重的问题，银行因为自己的能力所限，服务不了这么一群人，但一些互联网机构，它们有用户和数据，为什么也没有办法服务这个人群呢？这就是门槛，这也是我们拍拍贷九年来所不断积累建立起来的壁垒，这个门槛在哪里呢？

第一个，是一个技术壁垒。比如说数据风险能力，这是最大的壁垒，你怎么能够积累起大量的数据，从而基于这些数据建立起模型，能够很好地去识别欺诈，对用户进行一个精准的信用评判，这是需要长时间的积累和投入的。

第二个，是品牌优势。用户对于品牌的认知，并不是说因为你是大企业，品牌的优势在于能否吸引用户，获得用户的认同。

第三个，是产品企业的门槛。互联网用户已经被现在各种各样的互联网产品、各种各样的补贴惯坏了，但凡产品企业不好，一言不合就走。所以，产品体验一定要做到足够好，但这跟企业的核心技术有很重要的关系。如果产品模型不够精准，需要用户填写很多资料，用户就不来了，用户真正希望得到的是一个便捷、快速、直观的，不需要做太多事情，就能够获得金融服务的诉求。

30万亿规模的市场后手

在我们服务的人群里面，也发现特别有意思的规律。我们的用户有不少来自于北京、上海这样的一线城市，但以上海为例，上海常住人口里面本地人口占了59%，而外来人口占了41%，在我们服务的客群里面，来自上海户籍的人口有21%，绝大部分的用户是外地户籍。

在我们的借款年龄结构里面，80后占到将近90%，90后占到将近50%，所以，这是属于年轻人的时代。现在年轻人的消费观念正在发生变化，70后是以量入为出作为自己的消费观念，但是80后、90后，尤其是90后，已经开始接受新兴的消费模式，他们愿意去借钱消费，他们为了成为他们朋友圈里面第一个用上苹果6、苹果7的人，他们愿意去付出，这是我们新一代的人群，这是我们未来经济发展的很大潜力。如果我们能够把这些人的信用消费潜力挖掘出来，未来再保持三十年的高速增长是完全可期的。

当然，我们要服务这些人群，风险管理是个核心问题。做风险管理也遇到一个问题，我们经常说没有米就没有办法下锅煮饭，所以如果这些人都不好，我们就没有办法做好风险管理。但是从实际上来看，很多借款人其实是非常不错的，在我们的信用评级里面，A级别的人占了60%，也就是说大部分的借款人都是优质的借款人，这是一片长期被忽视的金矿，但是我们需要有强悍的技术才能把他们挖掘出来，恰好，拍拍贷这么多年把技术练出来了。

我们过去的逻辑系统，对用户做信用评判，我们预测的风险跟我们实际的风险表现非常接近，这证明了我们风险管理的方式在面向这样的人群是非常有效的。

尽管，我们的消费金融和美国有很大的差距，但是目前经济转型下，消费正在不断地被塑造和刺激，那么，未来我们这个消费金融会怎么发展？我个人预估，消费信贷占整个GDP的比重，会从2014年的12%到2018年会增长到26%，也就是说，消费信贷市场余额将在2018年达到30万亿元规模。因此，我有理由相信，拍拍贷能成为中国消费信贷市场领域里一个非常重要的公司。

刘积仁

一个主动暴露隐私的时代

刘积仁　中国计算机行业发展的缔造者与见证者之一，是中国培养的第一位计算机应用专业博士，也是中国第一家软件上市公司东软的创办者。作为东软集团董事长，他领导着两万名员工，2007 年营收达到 33.5 亿元，其国际业务已经占公司整体业务的 30%，其离岸外包业务收入占中国离岸外包总收入的 6.7%。2009 年，获得 CCTV 中国经济年度人物。

从最初开始，互联网的存在是为了连接和分享，然后变成了搜索，到了今天，又有了社区和O2O——从当初人和人的连接，变成了现在人和物、物和物的连接。今天，互联网所发生的一切，可能只是刚刚开始，没有人能预知，在未来的10年中，互联网还将对我们的生活、工作、商业产生什么重大影响。

10年前没有微信，15年前或20年前，甚至连短信都没有，而现在所有的社交媒体却发生在短短的1～2年间。很多新的商业行为，都发生在了互联网领域。

活在当下

每个人都在讲互联网思维，但这个“思维”究竟是什么？

过去，看一个企业的价值，着眼点在营业额、利润、规模和资产，但是今天不仅仅只有这些，而是一种新的价值体系——普及和互联。当一个企业有更多的普及和连接的时候，我们会看到它的价值完全不一样。所以，今天有许多企业虽然不挣钱、亏损，但它只要有大量的客户，它依然可以比那些有利润、有资产的企业的价值要高很多倍。面对这样一种商业形势，我们如何思考“未来应该是怎么样一种形态”？我认为重点是在技术。

互联网有三大定律——摩尔定律、迈特卡尔定律、吉尔德定律。这些定律告诉我们，在未来的互联网世界中，连接的成本会越来越低，由于价值体系的变化，会形成各种各样的社区，它们构成了我们新的商业环境。带宽越来越便宜，芯片也越来越便宜，连接的成本越来越低。当我们看到价值变化的时候，其实背后是社区的力量。今天，大量的社区不断产生，网络拥有越来越多的社交圈子，再加上越来越多的工具，使我们看到，网上正在形成超越国家、超越边界、超越爱好的各种各样的社会群体，这就是巨大的商业变化。

我们还看到APP，手机里各种各样的小方块，每一个小方块的背后，都支持了一个几十亿、上百亿、上千亿市值的公司，我们把这样的APP看作是入口，也看作是经济。每天有上千万的APP出现，而这些APP平均生成的时间只有大约6个月。如果在6个月之内，不能普及到每一个手机上，就可能消失。这意味着万众创新也可能是万众失败。

另外一个新的商业模式就是协同与分享。今天，如果说一个企业能被别人利用，就是这家企业的幸福，因为它有机会与人合作，并生存在商业生态中，这就是能够活下来的基础。我们看到像优步（Uber）作为大型的互联网出租车公司，却没有一个出租车司机，也没有养一辆出租车，这是分享经济的力量。互联网上可以分享的东西越来越多，可以分享销售渠道、资产、组织，甚至是人，所有的东西都在分享。

有人说，优步是一个分享者，那么它拿什么东西跟人家分享？其实，它和别人分享了软件、数据、连接，分享了它所构造的新的生态。所以，所有企业的商业行为或者思维、行动，都会跑到另外一个空间，这叫作数字空间。我们看到，在数字空间里所展示的形态和行为，和我们现实的空间有很大不同，我们在数字空间里可能表现得张扬、愤青，但在现实中可能就是一个温文尔雅的人。在数字的空间，所有的商业行为正在给任何一个实体的互联网带来挑战，这就是数字空间的体验经济。

不可逆转

过去把“计算”两个字可能理解为速度和效率，今天我们看到，计算成为了重构——构造一个组织、连接，也构造一个智慧。所以，这是一个软件计算定义互联网和商业模式的时代。

数据正在成为巨大的财富，这是一个没有隐私的时代，或者说是每一个人主动暴露隐私的时代。很多人在使用生活服务软件的时候，如果不说自己的地理位置，就不能得到打折券，另外，很多人对于手机服务软件提示“同意”或“不同意”的时候，其实连看也没看，就点了“同意”，并获得一种交换。所以，这是大众主动暴露自己的交易、位置，甚至个人信息的时代。未来，所有人的简历，从自己母亲怀孕的那天就开始被记录，记录母亲对他的期待，记录他小时候的照片，记录他一路走过来。

现在，平民创业越来越多，但是失败也越来越多。这就是万众创业，万众接受磨炼的时代，任何商业不和娱乐结合起来，都是乏味的，不可能构造出社区，也不可能带来商业的价值。

从现在开始，无论你做互联网，还是不做互联网，你都要用互联网的思维思考。而无论思考或不思考，都不会改变我们对互联网商业模式的变革和冲击，你加入了，可能会带来机会，你不加入，可能你会有更大的危机和风险。

王浩平

别耗费学习者的钱和时间

王浩平　本科毕业于东华大学通信工程专业，后在美国凯斯西储大学学金融专业。大学期间和同学做过一些课外项目，2011 年 1 月 15 日正式成立小站教育。

7年前，在没有出现所谓的互联网教育行业的时候，我曾经和普通大学生一样在大学里正常地读书，突然发现周围有很多的学生开始在谈论出国这件事情，于是，我抱着试一试的态度加入了出国留学备考大军。

准备出国的过程中，首先是要迈过语言考试的门槛，也就是我们所熟知的托福、雅思、SAT、ACT、GRE和GMAT等考试。可是，我是一个英语底子非常薄弱的学渣型学生，当年过英语考级已经非常吃力，因此我就找到很多培训机构，从大班报到小班，又从小班报到一对一。结果，我考了六次托福、三次GMAT才通过了考试，并最终实现出国留学的梦想。

但是，在准备这场出国英语考试的艰辛过程中，我一直在想这样的问题——传统的教育机构考试中为什么无法满足学生核心的痛点和需求点？正是对这个痛点的反思，使我和两位同学一起最终发现了满足用户和创立小站教育的重大机遇。

为解决行业痛点而创业

小站教育的出现，直击了传统教育机构对用户长期形成的痛点之处。首先，由于地理位置的局限性，传统培训机构导致学生花费在交通上的时间太多。就我当初而言，我用在路上的时间，竟然是我用在学习上时间的2～3倍；其次，传统的培训机构的价格非常昂贵，没有10万块的学费很难得到学习机会，即便如此，也并非因此就通过考试。

有没有这样一种可能性，可以改变传统培训行业的现状？我和我的一个亲戚在聊天的过程中，突然想到为什么不能通过互联网的方式来进行这种教育服务的传递呢？于是我就和两位同学一起创立了这家小站教育。我们试图通过互联网教育的方式，让学生可以把大量的时间放在学习上，让学习效率、时间利用率大幅度提升，与之相对应的是，老师也可以在家里上课，老师的时间利用率也大幅度地上升，这就导致了学习质量的提升和课程价格的下降，这就是互联网教育的最大优势。

小站教育和其他在线外语教育有什么不同？我们将业务只聚焦在出国语言考试的培训上，如果再细分就是托福、雅思、SAT、ACT、GRE和GMAT等考试。这一方面和我个人经历、兴趣有关，除此，我们发现每年的留学人数呈现快速上升趋势，仅2015年，我国出国留学人员总数就达52.37万人，同比增长13.9%。也就是说，相当于每年50多万的人，需要有合适的机构提供英语培训以及其他出国的配套服务。

我们认为，既然没有任何一家机构能覆盖所有留学服务业务，那么我们却可能通过提供托福、雅思、SAT、ACT、GRE和GMAT等考试培训，做到行业的细分冠军。

也有人问我，既然已经踏入留学服务行业，为什么不做多元化？因为在留学语言培训行业中，存在三个维度。第一个是专业，不同专业决定不同的产品和服务；第二个是年级，高中、大学本科、研究生等；第三个维度主要是英联邦和北美两条出国线路。如果以10个专业乘3个年级和地域，那么至少我们要提供60多项产品，才可能满足留学生申请需求。因此，能在留学语言培训中做到极致，已经是一家巨兽公司了，而且需要很长时期。

提分是培训机构的目的

我对小站教育的存在价值思考，提出这样两句话：第一句话是“不以提分为目的的培训机构，是在浪费生命”；第二句话是“不重视用户体验的机构，没有明天”。

针对托福、雅思、SAT、ACT、GRE和GMAT等培训，国内无论是传统的线下机构，还是网上机构，已经比比皆是，但大部分机构对于用户的真实需求却存在千差万别。我们发现，有很多学习者为了考试合格，不仅在各培训机构中跳来跳去，也会在线上平台如法炮制，这是因为，他们的需求没有得到满足，需求是什么？很简单，就是提高学习效率和分数，不浪费时间。但是，很多培训机构没有做到。

那么，小站教育怎么做到提分数和不浪费学习者时间呢？从大的维度来说，我主要做了两个思考和行动：

第一，真实的英语水平测试。我们与全球最大的教育集团培生集团[PEARSON，迄今超过170年的历史，业务已遍布全球80多个国家和地区，旗下拥有在各个学科备受瞩目的教育品牌，包括Longman（朗文）、《新概念英语》、《培生英语分级读物》等知名英语出版物]合作，引进全球领先的Versant English Placement Test（以下简称VEPT）测评，该测评将会提供给所有的付费学员，帮助他们更好地开始学习备考旅程，为将来的提分打下坚实的基础。

VEPT由培生集团开发，运用语音及文本数字处理技术，并结合高级英语语言学评估设计，全自动全面测评英语语言学习者听、说、读、写技能。本系统能够科学、有效、准确地反映测试者的综合英语能力，并针对听、说、读、写四个方面分别给予测试者意见和建议。同时，VEPT能够为课程咨询师和授课教师提供专业的参考意见。通过人机对话及作答，系统即时分析出受测人的英语语言综合水平，并生成专业技能分析报告，受测人考试成绩及分析报告将永久在线保存。受测人可根据测试成绩，精确匹配当前自身的托福和雅思等出国考试水平，为接下来的备考学习提供精准、有效和极富指导性的建议。

第二，独立研发基于大数据，连接学员、老师和学习顾问的智能学习管理系统LMS。该系统以“学习者为中心”为理念，以“帮助每一个学习者在小站更快速提分”为目标，融合小站工具、内容、教学方法，为意向学习者提供线上智能学习规划，是连接小站老师、班主任、学员、家长的智能学习管理平台。

LMS涵盖了基础模块、上课模块、作业模块和自学模块。基础模块部分学生可设定个人目标，查询课表，接收小站消息，并可进行课程调整申请，未来也可与其他学员在平台上进行互动。

老师除了可以进行日常的考勤、查询课程等外，还能详细了解自己每一个学生的基本情况、学习目标、各科课程表、历史课程反馈情况等信息，从而有助于动态地调整针对该生的学习计划，更好地为学员服务。而学习顾问也能查看学生的上课、作业、背单词情况，及时进行监督。上课模块部分连接小站上课平台，使师生远程沟通更轻松。

学生和老师均可在上课后快速评价一节课程，而系统将记录每一名学生不同课时不同老师的评价情况，以供动态调整该生的教学计划。而作业模块使老师可通过平台布置作业，让学生及时巩固课堂所学，系统会记录学生的答题过程和答题情况，分析学生的薄弱点，从而为老师课堂教学提供参考。自学模块除了跟随老师学习，学生也可以自主学习和练习，如查看资料、观看小站独家知识点微视频、组卷练习等。

在用户体验方面，互联网教育行业将聚焦于专业化、垂直化和纵深化。在1.0时代是运营驱动，2.0时代是产品驱动，3.0时代是数据驱动，4.0时代是人工智能。我以为，小站教育目前已经处在2.5阶段，相比其他机构，我们可能跑得更快一些。

做行业细分冠军不动摇

衡量一家互联网教育平台的一个硬性指标就是流量。目前，通过此前7年的发展，小站教育社区注册用户已经突破300万，每天的独立访问量已经突破15万；而小站的APP注册用户已经突破200万，独立访问突破了10万。这个数据放在其他互联网平台中，也许并不显眼，但是留学语言培训的细分行业中，这个数据已经非常巨大。

这样的流量是否还能进一步开发出新的商业用途呢？事实上，在我们的用户中，即将留学者占了很大一部分，我之前说过，我们坚持做细分行业冠军，不做其他中介服务，但我们可以通过流量和合作伙伴一起建立留学服务生态圈。

在互联网时代中，5～6年前，通过搜索引擎搜索“托福”这个词，大约3元，而现在要100元，甚至更多，这是非常恐怖的成本。随着流量成本的上升，我们这个行业多数公司都在为搜索引擎打工。现在，小站教育已经基本覆盖了全网（在线托福、雅思、SAT、ACT、GRE和GMAT等考试培训）50%的流量，下一步的目标是覆盖全网70%的流量。因此这一流量就可以和行业共同来分享，通过我们的出国留学流量开放入口，让产业链中的公司来形成共同的生态圈。

因此，小站教育的愿景至此产生了一个新的清晰定义，就是要做中国托福、雅思、SAT、ACT、GRE和GMAT等培训冠军，同时打造一个出国留学的产业链生态圈。

实体企业篇

王　石

褚时健为什么让我佩服

王石　万科企业股份有限公司创始人，任集团董事会主席、中国房地产协会常务理事、中国房地产协会城市住宅开发委员会副主任委员、深圳市房地产协会副会长、深圳市总商会副会长等职。2016 年 3 月，以 250 万元版税收入在第十届作家榜全新子榜单“企业家作家榜”上，排第十。

谈谈我对褚时健的几点体会。褚时健在搞玉溪烟厂时在全国赫赫有名。当时万科的规模是三十个亿，人家一年的税比万科大得多。但给我印象最深刻的是他出事之后的审判，那次审判是全国直播的。判刑的时候，他站在那里，他的头型比较整洁，一看就是他非常在乎自己的仪表。在那种情况下，他站在那里，挺得非常直，这给我的印象非常深刻。

后来听说他保外就医了，我第一时间通过云南的朋友去见了他。第一次，他不在家；第二次，知道他在哀牢山。印象中，他正在建一个排水系统。因为他在山头上包了一个橙园，正在和一个老农讨价还价，修一个水泵。老农开的价是80块钱，他给人家还价50块钱。一个曾经创百亿的企业家跟一个老农讨价还价。这是我站在旁边看到的。

见面之后，他兴致勃勃地跟我谈橙园挂果子是什么情况。那时橙苗刚栽上去。我就小心翼翼地问：什么时候可以挂果子？他说得六年后。我就反思我自己：七十岁的时候我肯定退休了，但我从没有给自己设计干这个。他给我的刺激特别特别大。就是说，我的退休生活该怎么设计，很大程度地受到了褚时健先生的影响。

一个成功的人士，不是看他如何站到顶峰，而是看他从顶峰跌落之后的反弹力。之后每次的接触，都让我对他有一个新的判断。

工匠精神

我拿我自己和褚时健进行比较。我走南闯北，去拜访他的时候正在哈佛念书。而褚先生从来没有出过云南。小的时候，他除了在昆明上小学、中学之外，其他时间一直在玉溪，包括他后来到哀牢山种橙子，还是在玉溪。

按理讲，他的经历和我的经历没法比，为什么他这么让我佩服？我找了共性。

第一，为什么出现的有名烟厂是在云南而不是在河南？为什么他种烟叶成功，种橙子也成功？你不得不考虑到地域的气候类型。考察发现，这是类地中海气候。地中海气候有两个概念，一个是地中海气候，另一个是类似地中海的气候。在全世界，地中海气候的地域非常窄。尽管很窄，但你会发现它对人类文明的影响非常大。比如两河流域是地中海气候，那里所产生的物种、粮食等对人类文明的贡献非常大。类地中海气候有几个特点：阳光充足，温差大。得出这个结论你会发现，白药出在云南就不是偶然了。我们云南出了很多这样的企业，比如种开心果的，种了几年就可以左右国际市场，非常有意思。

第二，云南人。我们过去说的云南企业家就是马帮，更多的是从苦的地方去更苦的地方进行茶马交易，用普洱茶换马、换羊。你会发现，第一批通商口岸之一——腾冲，虽然褚时健没出去过，但他是在铁路边长大的。所以我们不得不对云南的企业家阶层进行重新认识，褚时健是其中的典型代表。

从更深的认识来讲，他身上没有很多深奥的东西，就是我们中国传统的精耕细作的精神，因为平均起来人多地少，我们不精耕细作，没法养活自己。褚时健种烟是精耕细作，种橙子也是精耕细作。

比如说种橙子，第一个是解决大年小年的问题。怎么解决？大年的时候该剪的剪掉，且一定要见到充分的阳光。第二，一般树的生长期是15年，但褚先生让它延长到30年。怎么到30年呢？他说树需要氧气，他就用铁条在旁边给它通氧气。说白了，这些都是农机站的农业科普知识。所以说，他身上有着中国传统的工匠精神，我们现在没有了。

如果说中国有企业家精神的话，还得看褚时健。他少年时代做烧酒，别人能做出3斤来，他能做出3斤半，为什么？因为他勤奋。很多年来，他一直保持着这个特质。

保持尊严

我发现，最值得我们敬佩的就是他保持了尊严。这恰好是我们中国人到现在真正需要的东西。我们企业家、工薪阶层最需要的就是尊严，怎么独立、怎么尊重自己、尊重别人，这是我从他身上能感受到的。

实际上，他出来之后，很多人都想帮他，但他要证明自己，自己独立去做。

从褚先生身上，我感受到了这几点。第一，他总有着对美好生活的向往。他非常年轻的时候就想当铁路工人，之后在昆明上了两年学，他一直在追求很好的东西。第二，一直充满着好奇心。对我自己来说，这是一个警惕，如果没有了好奇心，基本你这个生命也该终结了，至于你还想活着，那是另外一个问题。因为如果你没有好奇心，你就谈不上创新，更谈不上你的能力了。第三，企业家精神是指一定要有对社会的某种担当、承担。第四，既然是担当、承担，就要承受一般人想象不到的东西。

褚时健从政府官员到国营大型企业的行政企业家，最后73岁转到做自己的家族企业。正因为他的企业起步比较晚，因此他的家族如何传承，也是需要他来面对的。但我相信他的家族会很好地解决这个问题。

企业家精神就是要有这样一种承受能力和自制力，而且更可贵的是，它要有一种破坏性的创造。我理解的企业家精神是指用企业家的精神来形容这种现象，它绝对不只是指企业家，也包括做学术的教授、政府官员。

我现在非常推崇深圳精神。深圳精神就包括这种企业家精神。深圳一开始什么都没有，所以形成了一个小政府、大社会，这本身就带有一种企业家精神。这是我想说的企业家精神。

转型中我们得往前走，社会得改变。其实，社会与制度的变革要从我们自己做起。你改变自己，就会影响你的家庭、影响你的社会。

在一个社会大变革中，光有勇气和耐心是不行的，应该有更多的忍耐力和智慧。

陈荣华

太阳雨，一个超级符号的态度

陈荣华　现任太阳雨太阳能有限公司总经理，新能源行业职业经理人，太阳能光热领域正规化管理的先锋。

稻作性格和电玩性格的差异与共融

《刺客聂隐娘》上映之际，我欣然前往观看，期待享受戛纳国际电影节最佳导演奖的大作，但坦白说，当时愣是没看懂，影院离场率也是我所经历最高的，这对一个自诩为电影爱好者的人来说是一次不小的打击，文艺片在大众院线的冷清与商业片的红火形成了鲜明对比。无独有偶，罗辑思维推送过一篇题为《<笙萧默>的嘚瑟和王小帅的乞讨》的文章，剖析了这个怪圈现象，“王小帅们仍然秉承传统手工匠人的制作电影模式，写出一个好故事、寻找适合故事和人物的演员、封闭式地认真拍摄，然后送入院线撞大运。”而以《笙箫默》为代表的商业电影新物种则借助社会化、大数据和娱乐营销的大潮，精密筹划并回收了漂亮的收益。

一部没看懂的高冷古装片折射了电影市场中文艺片与商业片的鸿沟，也再次启发了自己近期一直在思考的问题：稻作性格和电玩性格的差异与共融。这两种性格的定义源于郭宇宽老师的文章《稻作性格与电玩性格》，兴奋依赖型的电玩性格比较容易理解，稻作性格则是长期在水稻田里劳作养成的性格，稻作性格的人大多是80前，讲究精与恒，而80后多数是电玩性格，崇尚泛与快。从性格特质剖析，惊骇的富士康12连跳悲剧事件的根本原因不是现在的工作条件比以前差，而是伴随着电玩长大的这一代人，早已适应了游戏不断通关升级的状态，无法忍受工作的枯燥与乏味，而在未来，机械的流水线工作也将被大规模的机器人应用所取代。企业在面对互联网时代的挑战与转型时，往往最大的障碍就是人，工业时代的主体人群是稻作性格，互联网时代则是电玩性格，两种类型的人群各有优劣势，在企业组织管理中的差异化特性逐渐凸显，传统的管理理论与机制逐渐显露出无力感和弊端。唯有打通两者，凝聚共性，才能将组织的创造力发挥到最大化。

首先，在理念上，我主张双方要讲和。每个企业往往都烙印一个时代和一批人的特性，当新一代逐渐庞大时，对新理念与模式转变的应对就变得至关重要。《阿凡达》中潘多拉星球上的高级智慧生物，通过露出体外的神经系统，与灵魂树和女妖翼兽的触角对接来实现精神交流和感知外界变化，这一细节流露出人们对完美沟通的渴望。电玩性格是当下和未来的主流趋势，而目前经济社会组织的发言权和决策权大多掌握在稻作性格一代人手中。讲和就是要以同理心的视角，站在对方的立场去理解和接纳，相互认可和欣赏彼此的优质特性。美琳达·盖茨在TED大讲堂中果敢地倡议非盈利性组织应该向遍布全球的可口可乐学习营销策略，通过主动出击和local approach等营销策略，把公益带到世界的每个角落。

其次，在机制上，要不断探索和革新。马克斯·韦伯的科层制组织架构在企业管理进程中有着重要意义，而过度的科层化会使个体在情感、精神世界和本能等方面感受到源自体制的压力。陈春花教授在《激活个体：互联时代的组织管理新范式》中指出，互联网时代下人们不再轻易把自己固化在一个组织或者角色里，而是依赖于自身的知识与能力，期待自由、自主的非雇佣关系；成员与组织之间也不再是层级关系，而是合作关系，甚至是平等的网络关系。这对管理者来说无疑是一个巨大挑战，海尔率先通过创客化拆掉科层制的组织架构，从以往的听从上级指挥，到为用户创造价值，员工转变成创业者，组成小微创业企业，共同创造用户和市场。

正如《刺客聂隐娘》的主题曲,《一个人没有同类》，侯孝贤的任性可以在业内获得专业口碑的礼赞，无谓浮躁的商业利益。而企业作为自负盈亏的经营体，却不能有丝毫的任性，唯有接通新时代的脉搏，拥抱新一代，不断扩大自己的阵地，才有未来。

从批判走向建设

2015年最热的动画电影无疑是《大圣归来》，经典的题材和现代的制作相得益彰，成就了内地影史上票房最高的动画片。大圣形象的重新演绎传承和升华了挣脱束缚、敢于挑战的民族情怀,“归来”的呐喊也让我们再次品读《西游记》的精髓。“目运两道金光，射冲斗府”，石猴出世时便神通广大，要过一种不伏麒麟辖，不伏凤凰管，又不伏人间王位所约束的生活，叛逆的本能使他大闹地府天宫，却最终不敌如来，被压五行山下500年。后来跟随唐僧取经，是他从叛逆者到大英雄的转折点，破坏的冲动和能量得到调整，从以往的肆意妄为到降妖除魔，求得真经，变得具有建设性，最终成为一个真正受人敬仰的英雄。

大圣的角色有着每个人的影子，生来的本能让我们更习惯于从批判开始认识世界，而成长过程中的束缚和困难，让我们学会修炼自我，与规则博弈，渐渐走向建设的道路。自然想起柴静一篇令我感触深刻的文章《岁月让人从批判走向建设》，是她为《曾国藩的正面与侧面》所做的序。曾国藩，一个矛盾、挣扎的深嵌体制核心的官员，一生跌宕起伏，靠的正是精神上不断地自我更新，才实现了从愤青到“圣人”，从批判到建设的蜕变之路。回首太阳雨品牌从1999年成立至今已有16年，2015年年会有着独特的里程碑意义，我引用《岁月让人从批判走向建设》作为自己在经销商年会跨年演讲的主题，与大家一起共谋2016年的新建设。

从宏观、中观到微观，每个层面都存在着批判和建设。首先，国家发展与时代变迁的宏观层面，16年，中国经济从两位数的高速增长过渡到运行平稳的“新常态”，社会生活方式、文化观念也发生了巨变。我们目睹中国飞速发展，也亲历其中的阵痛，信息透明化的今天，公众更多地参与社会问题的探讨，环境污染、贫富差距、社会风气等问题高悬未决，批判之声此起彼伏。但同时，我们也深刻体会到变革过程中前所未有的新希望和新气象，一部国家形象宣传短片《Hi,I’m China》呐喊出每个国人心底的热忱，中国梦正在振翅高翔。

中观层面，16年见证了行业从小到大到强的周期生长。太阳能热水器行业探索于城市市场，因产品使用局限被城市放逐，初出茅庐吃了闭门羹；之后锁定三四级市场，借势家电下乡政策，实现飞跃发展；近年来回归常态增长，同时受宏观经济影响进入缺乏信心、创新的周期瓶颈，唱衰的声音开始出现。而我们要辨清行业发展的客观规律，通过产品革新、渠道升级、服务转型三个建设性举措实现行业再腾飞。行业格局从起初群雄混战到七国、三国，再到G2时代，最终必将是剩者为王，总体的趋势是过去很美好，现在很残酷，未来仍很美好。中国净水行业经过初期发展的休整，改善了认知不足、良莠不齐、标准缺失等问题，近年来产量以每年45%左右的速度增长，正处于蓬勃成长期，可以用过去很残酷，现在很美好，未来更美好来概括。

微观层面，太阳雨品牌的成立具有非凡的时代意义。中国企业界有两个时间点非常奇特，第一是被称为中国企业元年的1984年，联想、海尔、万科等制造业大咖全部诞生在这一年；第二就是1999年，萌生了当今的互联网三巨头百度、阿里和腾讯，是中国互联网大潮的元年。太阳雨的16年，从民营企业转型为集团化运作的上市公司，抓住了宏观、中观和微观的重要发展机遇，也在反复试错中不断沉淀企业经营的宝贵财富。在今天，我们坦诚面对企业和代理商所面临的问题，因为我们坚持着共同的理念，那就是没有问题才是最大的问题。

批判常有，而建设弥足珍贵，从批判走向建设是信念的历练，更是前行的动力之源。

2016，找回质朴的力量

2016年1月，集团组织台湾行参观学习当地企业，初见表面朴实无奇，没有任何条幅和口号，也没有炫目的建筑，相比多数企业工厂内喜闻乐见的战略和使命氛围，略显冷清。但当我们深入了解企业的生产运作时，精密的工艺流程、科学的产能分解，甚至严格的高达

66%的次品淘汰率，让我们肃然起敬。质朴、沉静的气质背后是对企业立命之本的敬畏和坚持，纯粹而富有力量。

Databank公司曾在2013年对日本143万家企业做过调查，成立过百年的企业多达22219家，其中500年以上的有39家，还有7家是千年老店，这些老店印证了日本文化中的“职人精神”的传承。有家几乎和京都同岁的小吃店，只卖一种用竹签穿起来蘸酱吃的小年糕，经营延至现在已是第25代传人，他们对手艺的传授严苛而缜密。职人精神便是坚持质朴的力量，专注做好一件事情，不会为更快、更多地获取利益走捷径。在当下快速运转、竞争惨烈的市场局面下，这种模式显得笨拙而执拗，却是百年甚至千年企业基业长青的精髓。太阳雨从零起步到行业第一，坚持成立以来最纯粹的信念，而实现百年企业的伟大愿景就务必要夯实职人精神。在年初的工作规划中，我们把找回质朴的力量作为2016年快步前行中常怀心间的警醒。

理论千篇，不如执守一篇

经营战略与理念不可或缺，但要力求清晰、干脆，不说大话，不论长篇，避免贪多嚼不烂。聪明人往往容易犯的错误是观念很多，但坚守的很少，有傻瓜的地方才有奇迹。曾国藩对“笨”字有自己的看法，认为过高的道理都近乎狡或伪，他一生都在强调勤与恒，说天下事要做成样子必须有两样：一是规模，一是精熟，两样都从勤与恒中来。在太阳雨品牌高速提升的几年里，我们坚持“一年一大事”的策略，每年围绕一件大事群策群力，效果显著。在当下集团多元化的过程中，资源更加丰富，出彩的项目也更多，但想做得越多就越容易出现分散和合力不足的现象。经过多年的尝试与过渡，我们再一次重申和重拾“一年一大事”的经营瑰宝。排序的能力是一个人最重要的工作能力，体系越大，就越需要排序，明晰最核心的首要工作，并协调整合，保持节奏一致。在2016年，太阳雨要求每个部门明确本部门2016年核心推动和改进的一件事情，围绕这个重点做透、做实，这就是最大的成功。

喊话千遍，不如问责一遍

单纯的语言往往是苍白的，工作的落实必须要有具体的事项安排和考核反馈。协作一项重要工作时，一定要让每个参与者都有明确的任务和责任，单纯的“大家高度紧张，高效工作”只会制造情绪上的紧绷感，如果没有充实的工作分工就会产生个体能量的耗损。重复的“务必在规定时间内完成”不如清晰的考核机制来得有效，每次会议后都形成书面的纪要，梳理其中的工作事项、完成时间和负责人，并在节点核查，落实相应责罚。

箴言千句，不如践行一句

王阳明曾说：“未有知而不行者。知而不行，只是未知。”知行合一才是真正的知，否则便是知而无用。多数情况下，我们没有做成一件事，并不是不知道如何做，而是没能真正去做。曾国藩的勤与恒只从两点做起：“不讥笑人，不晚起。”这两点谁都懂，但他的厉害之处在于践行终身，从道德制高点上下来，脚踏实地。今天信息愈加透明，每个企业的经营瑰宝都不再是秘密，很多企业甚至会出版自己的经营案例书籍，服务制胜的海底捞即便公开了自己的秘笈，也不是谁都能学得会，众多的学习模仿对象精研苦读，成功运用在自身企业中的却是凤毛麟角。

脱掉长衫穿马褂，坚守平实的道理，知行合一，分寸耕耘，在时光的冲刷见证下，唯有质朴的力量才愈加珍贵。

太阳雨，一个超级符号的态度

每到一个城市出差，需要出具发票抬头时，我总会先习惯性地问对方是否知道太阳雨。常有人一脸茫然地说：太阳雨就是一个自然现象吧？大晴天下着雨，叫太阳雨。那个时候我既不高兴，也不痛苦，因为这个词汇本来就是这样，不高兴是因为这说明我们品牌影响力还不够。当有人欣喜地回应，是做太阳能的吧，我家就装了一台你们的太阳能热水器，那个时候心里就很温暖。

前不久受邀参加网易公开课，与大家分享太阳雨的品牌故事。品牌是一种符号，而太阳雨是一个超级符号，之所以这样讲，是因为太阳雨的品牌名是一个存在于词典中的词汇，有自身的含义，与格力、海尔等创造出来的文字组合不同。这种类型的品牌有优势也有劣势，优势是记忆成本低，可以沿用原有的认知与品牌建立关联，劣势则是在品牌认知度不高的情况下，容易被词汇本身的含义所淹没。以小米品牌为例，借用“小米”这个词汇，将小米的印象与手机品牌建立商业关联，当小米品牌深入人心时，它在人们心中的第一反应就不是小米这种食物，而是一个手机品牌。提起苹果，我们首先想到的也是苹果电子产品这个品牌，这就是超级符号类品牌的特殊性。同理，太阳雨的成功就是在人们听到太阳雨时，最先想到的是一个做太阳能起步的品牌，心中有温暖、滋润的价值感受。所以，对于太阳雨而言，品牌的终极目标就是将这个符号烙印在人们心中，超越人们对太阳雨这一自然现象的原始认知，在培育太阳雨超级符号的17年来，发生过很多有趣的故事。

注册之艰难

太阳雨的命名一拍即合，在太阳底下洗澡，恰好契合太阳雨的意境。确定品牌名后发现早已被注册，我们和对方的谈判价格从最初两万的犹豫不决，到后来的20万，再到最终200万爽快成交，品牌的价值在不断提升。在今天太阳雨几十亿的市值中，品牌的价值占很大份额，如果今天有人拿20亿买太阳雨品牌的话，我们都不会答应。

产品之使然

凤凰卫视许戈辉老师曾用一句话表达对太阳雨的印象：太阳温暖大地，雨水滋润心田。温暖和滋润无疑是太阳雨最核心的两个感知，杜了建老师曾在一次广告论坛的沟通中，直截了当地说太阳雨卖的就是温暖，热水传递温暖的感觉，净水传递的则是滋润的印象，太阳雨的认知印象与热水和净水有着天然的契合。

公益之顺利

公益是太阳雨品牌的基因，在从事社会公益的过程中，超级符号的属性优势也体现得淋漓尽致。在一次公益晚会的筹划中，组织方主动表示可以以太阳雨命名，既代表太阳雨品牌，同时也传达了太阳雨词汇本身温暖、贴心的公益内涵，对当时的我触动很大。也不难理解，太阳雨公益慈善基金命名与成立的水到渠成。

有傻瓜的地方才有奇迹

回想2007年，来到太阳雨的第一次全体会议上，离场的时候，我发现一张纸条，上面写着：又来了一个神经病。直到今天，这个纸条还锁在我的办公桌里。那个时候听起来像是天方夜谭的豪言，在今天已经实现。未来，太阳雨将专注阳光、空气、水的利用，坚守科技让生活回归自然的企业使命，倡导清洁、自然、健康的生活理念和解决方案，把太阳雨打造成一个现象级的世界品牌。

要么创造价值，要么传递价值

跳脱呆萌的人物形象，精致考究的画面情节，收割全年龄段的《疯狂动物城》在豆瓣的评分一路飙升到9.5分，迪斯尼的招牌再一次征服了我们。这部动画片的异常火爆在于不仅仅满足了观赏的趣味，更是设定和传播了正向的世界观，惟妙惟肖地展现了五味杂陈的现实世界，给观众注入鲜活的营养和能量。迪斯尼一直以来坚持“带给千百万人快乐，并且歌颂、培育、传播健全的美”的理念，它的核心竞争力就是制造故事，并通过建设游乐园、推出影视作品等，将快乐的文化传递到世界各地，简单说就是将两件事情做到极致：创造价值和传递价值。

品牌的运作法则是相通的，营销理论从最初的4P：产品、价格、渠道、促销，到后来的7P，本质都是围绕创造和传递两个环节展开。产品和价格是创造，渠道和促销是传递，7P增加的人、过程、物质环境也是围绕传递环节来优化的。无论是当下互联网营销的新模式，还是企业自身的营销创新，只有不脱离这两个环节才能实现价值增值。在经济不景气的宏观环境下，我们尤其需要厘清工作思路，抓住重点事项，围绕提升效能、效率、效益开展经营。

创造价值，而非创造劳动和工作

首先要明确价值的定义，很多人认为保证工作时间，坚守岗位就是价值，因此往往容易存在创造岗位，创造工作，而不是创造价值的现象，最终导致大量的精力和人力做了无用功。创造价值的反面是内部填补和消耗，既不产生价值增值，甚至会给目前的价值造成损失。

价值创造的第一个层面是通过提供产品获取订单和利润，产品是创造使用价值的核心载体。围绕产品的市场调研、技术研发、售后服务等都是产品价值链的重要环节。第二个层面则是软性的品牌力，需要持续不断地注入人文的理念和情怀，沉淀为企业独有的资产。创造的模式有两类：创作型和消费型，前者注重原创，具有独特性。在品牌使命和理念的探索中尤为重要，阳光、空气、水和欢笑的品牌理念是独属于太阳雨品牌的DNA，既是三大核心业务太阳能、空气能、净水机的源头，又代表自然与人文和谐共荣的理念。消费型创造主要是整合，在太阳雨国际化和互联网化战略的大格局下，加快学习和引进国外先进技术，整合国内外优势是必经之路。

传递价值，是价值实现的脉络

正如人体的血液系统，如果血管出现堵塞，血液传输遇阻，机体便会出现问题。价值创造是远远不够的，传递环节至关重要。第一，通过渠道建设传递产品，把产品输送到渠道，继而带到消费者身边，才能兑现产品的使用价值，转化为销售利润。第二，通过媒介传播打造品牌，逐步提升认知度、美誉度、忠诚度，并且在品牌不断升级的过程中，及时有效地传递给受众群体。无论是广告投放、企业自媒体，还是终端店面，都是品牌价值传递的重要媒介。第三，通过业务团队活化品牌，品牌是有温度的人文符号，每一个太阳雨人都是品牌价值的分子，遍布全国的业务团队就是品牌价值的活载体，通过业务达成、客户维护等传递有血有肉的品牌形象和价值。畅通的传递环节能够实现品牌价值的放大效应，而堵塞减弱，则会大打折扣。

创造和传递价值是品牌价值体系运行的任督二脉，把两者打通并形成闭环是品牌制胜的不二法则。

营销的订单法则

从《琅琊榜》到《太阳的后裔》，再到近期的《欢乐颂》，现象级热剧的火焰一把接着一把；《爸爸去哪儿》开启综艺新时代后，各类真人秀一发不可收拾，2016年预计将超过400档，接近2015年的两倍。爆棚的人气背后，依旧逃不过“二八定律”的怪圈，热度和份额相差悬殊，上千档综艺类节目，火爆的却是凤毛麟角。广告主也盯上了这些炙手可热的IP，难免会有下赌注的心态，然而类似首季《中国好声音》与加多宝、《爸爸去哪儿》与999小儿感冒灵这种王牌案例无疑是屈指可数，难以复制。

每当探讨广告投放时，销售出身的我总会下意识地将投放金额换算为多少笔订单的利润，权衡投入和产出的性价比与效果。70后的我对于传统媒体的认可是很笃定的，央视的平台质量、曝光频次及销售达成，为太阳雨品牌壮大贡献了至关重要的力量。在传统媒体和新媒体此消彼长的新局势下，我们也开始尝试新的投放，从2015年的《我是歌手》、优酷土豆视频平台，到2016年《花样姐姐》指定产品与微博的台网联动，以及安徽卫视即将开播的《我们的法则》、《男生女生向前冲》，其间反复求证的压力远高于投放央视时的决策。

广告主和媒介资源的关系一定程度上很像婚恋的男女，广告主是待嫁的女方，充满忐忑和期望，能有效解除女方担忧的往往是这样的告白：我很爱你，我们的性格也很合适，我会努力给你幸福的生活，即使不能取得最高目标或遇到困难，也保证不差于目前的状态。这样一讲，大多女孩子就会安心许多，嫁给男方的意愿就会增强。对应到广告主的立场，无非就是解决了品牌调性与资源投放的契合度、资源的火爆程度及可能性、最差的投放效果这三个核心的指标，总结起来就是可预期、可测量、可兜底三个点。

2016年的媒介投放结合预算套用这三点，太阳雨净水机、太阳能成为《花样姐姐》指定产品。可预期层面，节目内容和受众与品牌投放目标一致，能够提升太阳雨在一二线城市群体的认知度和美誉度；

林志玲在节目中有高关注度和口碑，能够以代言人的身份亲自使用产品，为品牌助力；东方卫视在2016年如期成为卫视第一，投放效果大增。可测量层面，节目情节与产品使用高度契合，可以精准传达产品的功能价值；硬广与软植入的数量和质量是实现广告权益的量化指标，收视率、搜索热度、电商导流等数据也能反映投放效果。可兜底，就是确保最低收视率在可接受的范围内。在市场促销活动及模式的探索中，也可以通过这三个指标来决策和衡量。

企业在面对市场销售时，也需要从这三个角度用力，提升订单的达成率。可预期就是用户的购买目标，通过购买产品获取使用价值和体验感受等，因此产品卖点要简明地抓住用户的痛点，并清晰地传达和强调。比如无电大瀑布太阳能热水器解决恒温、增压、大水量的使用痒点，智灵款净水机提供高品质精密的净化效果与智能操控的使用体验；可测量就是用户能够通过可视可感的现象了解产品性能，无电大瀑布的演示系统展示大水量的优越性；TDS笔能够显示净化前后的数据效果，智能操控可以感受到便捷的使用体验；可兜底就是品牌背书和技术专利能够确定产品的质量和服务，让使用无后顾之忧。

经营是一个严密的投入产出公式，不依赖想象和机遇，可预期、可测量、可兜底从用户角度需求出发，梳理投入产出的价值分析，是企业经营决策和用户订单达成的关键突破点。

向内的路才是向外的路

2016年5月份，太阳雨集团再次发起了全员营销的运动，内部人员全部到市场终端一线，与业务团队一齐参与上市四周年庆活动，这是我们团队保持与市场脉络相连的传统。通过与用户和客户面对面的沟通，收获成交的成就感，也更体会到订单的来之不易。在走访市场的过程中，随处可见的促销充斥商场和街道，已成为交易活动的常态，力度和花样不断逼近极限，无休止的降价、赠品利诱带来的冲动型消费一点点耗损企业的经营体质，品牌变得羸弱不堪，消费者也在鱼龙混杂中越发难以辨别，没有人是赢家。如俞敏洪所说，没有内涵的品牌，在任何时代都不可延续。而破解这个怪圈，就要从“为什么”开始。

好品牌“为什么”屹立不倒

有的品牌在用户心中屹立不倒，追随始终，每一个果粉心中，打开 Mac 亮起的苹果是植根在他们心中的印记，而有的品牌耗费精力和财力，也不能真正称之为品牌。美国营销顾问西蒙·斯涅克的《黄金圈法则》解密了苹果传奇背后的路径，被张瑞敏列入书单，在海尔升级转型的过程中启发了自内向外而非自外向内的思维，这与我们曾经的一次会议主题《向内的路才是向外的路》志同心和。为什么、怎么做、做什么是黄金圈法则的三个环，分别对应理念和信念、措施和方法、现象与成果，由内向外是指从为什么、怎么做到做什么，也就是先明确企业创建的信念和使命，然后通过怎样的模式和策略来实现，最后是具体的成果和收效；由外向内则是先考虑做什么，比如卖什么产品利润高，然后为了达成销量怎么做，而忽略最初为什么要从事这项经营活动。

太阳雨是一个有着热忱信念和浪漫情怀的品牌，从创立之初就有着清晰的“为什么”，投身太阳能产业，将清洁能源带入千家万户，从百亿级的太阳能热水器市场向千亿级的太阳能光热市场，再到万亿级的太阳能能源市场，不断深挖太阳能行业的纵向和横向发展，提出涵盖供电、供暖、供热水的“太阳能一切”的理念。

太阳雨“为什么”而出发

2016年5月31日，我们与丹麦Arcon-Sunmark成立合资公司，以太阳能跨季节蓄热采暖为基点，翻开全球最大光热市场的工业整合新格局，将目前国内家用为单位的散布式小型解决方案，逐渐扩展至大型太阳能光热系统领域。

在集团的多元化发展中，我们同样从“为什么”出发，找到了独属于太阳雨品牌的内涵意义，阳光、空气、水是太阳雨这一奇妙自然现象的核心元素，同样也是生态圈能量驱动的主要来源：通过太阳能挖掘阳光利用、空气能优化24小时的能量供给、水净化科技维护生命之源，最终实现家庭为单位的生态家居体系，我们称为“太阳雨之家”，并在商用、工业领域逐渐减少和替代传统污染型能源，实现社区、商业、工业一体的太阳雨生态圈。这既是我们的终极使命，也是未来全球生态可持续发展的解决之道。

姜奇平在《新文明论概略》中抛出意义时代的观点，提出农业文明让人们得到使用价值的满足，工业文明打开价值的世界，用货币的度量扩展了人的社会化本质，而信息文明的贡献在于发现意义的世界，从目的之镜中实现意义的认同。对于品牌而言，品牌意义是基于产品，又高于产品之上的内在价值，是企业长存的精神根基，也是抵御恶性营销的沉着利器。在信息文明时代，常怀“为什么”出发的信念，才能实现自己的意义。

我们的法则

我有一个不成文的“癖好”，无论是一场会议，还是一篇文章，都喜欢用三个点来统筹和梳理思路，自称为“三段论”。前不久随手翻阅一本书，发现了“三”的背后实则有原理支撑：无论人们接受了多少条信息，大脑的记忆和切割习惯都会将信息划分为三个点，多了便会模糊，而在物理学中，三角形也是最坚固的结构。“三段论”反向要求自己形成了精炼思考、言简意赅、行动明确的思维模式，在思路梳理和沟通协作中受益良多，根源是因为遵循了人类大脑运行的法则。

2016年6月份，太阳雨作为指定产品赞助商的《我们的法则》在安徽卫视开播，明星团队被暴露在各种原始的自然环境中，接受自然法则的考验，通过团队协作克服艰难条件和突发状况，看点颇多。在7月的年中经理人峰会上，大家自然想到了以此作为会议主题，并策划了充满趣味规则的集体拓展项目。万物都有它的法则，大脑、自然、社会……太阳雨作为一个品牌、一个团队，也有自己的法则，正如《我们的法则》中所说，变化的是丛林，不变的是我们及我们的法则。在这次会议中，我和团队一起梳理和巩固了我们的法则。

第一是讲协同。协同是太阳雨集团多元化战略的必经之路，以太阳能、空气能为主的热水核心和以民用商用水净化为主的净水核心，两者只有相互协作才能形成叠加增值效应，反之则像一辆高速行驶的赛车，配备两个方向盘，两个车手操控，后果自然可知，不仅产生巨大的内耗，还会有翻车的危险。对此，首先用理念表明主张，将协同作为太阳雨集团全体成员的主张共识；同时，用制度约束行为，前不久同事从日本回来，井然的排队秩序让他印象深刻，后来了解到插队在日本是犯法的，不禁让我们惊讶制度约束的重要性。因此我们针对协同出台明确的文件，以确保各事项有章可循。其次用手段呈现结果，从协同的角度实现降维打击，并通过召集人，组织和协调多业务的活动项目。

第二是守纪律。守纪律在人们印象中是约束小孩子的话，自由和自主才是成人的高频词汇，但我们却往往忽略人性的散漫和迷茫所隐藏的危险。意大利导演费里尼曾说，“为了逾越常规，才需要严格的秩序。”对灵感有着强烈需求的艺术工作者尚如此，可见无论是对于个体自律还是集体协作，秩序都不可或缺。太阳雨的组织管理从两个层面入手：管人凭考核，出工凭考勤，对工作时间和秩序进行监督和规范；管事凭效果，出活凭日清，即通过日清共享事项进度，并以效果为考核的标准。

第三是干实事。新津春子凭借打扫卫生成为日本国宝级匠人，把清洁这件细微的实事做到了极致。太阳雨确立了“市场做什么，内部就做什么”的原则，围绕三个核心实事展开，一是建渠道，渠道是我们所有市场工作中的重中之重，以“综合的才是标杆的”作为高质量渠道的标准，在多元化下推进渠道整合，严治渠道串货现象；二是搞活动和谈项目，生命在于运动，太阳雨在于活动，订单是绩效的根本；三是做服务，将售后服务作为太阳雨集团的第一战略，提升渠道服务水平和用户满意度，增强品牌的美誉度与黏性。

《奇幻森林》中集体诵读狼群法则的情节让我印象深刻，狼群的战斗力源于群族团结有序的智慧。在这次会议的末尾，伴随着一声声共同呐喊的“团结”，团队的热忱和力量翻滚在每一个太阳雨人的胸膛。

“三化”管理

近日，太阳雨集团启动了新展厅项目，这是品牌多元化理念及业务战略明晰后的一次全新展示，项目组成员多是在企业多年的老同事，凭借对企业充分的了解，看似是一件并不费劲的事情，却经历反复的斟酌和修正。品牌展厅项目的实质就是把品牌形象在一个空间中进行全方位呈现，让观看者通过视、听、感等角度，快速地认识和了解企业，这是一个展示方与观看者互动的过程，不仅要求策展方从形象提炼及定位、信息梳理和排列、展示方案设计等流程展开，更需要结合观看对象、所处场景等多项因素综合考虑。展厅展示和管理有着相通之处，本质上都是传递信息、接受信息、达成效果的过程，在其中我摸索到了管理的三个关键点：可视化、简单化、场景化。

可视化，即看得见

以展厅为例，把存在于头脑、资料中的品牌形象通过文字、画面、新技术等形式展示出来就是可视化的过程。可视化管理是将管理对象用一目了然的方式来体现，在硬件上，是透明干净的办公环境设施，在管理软件上，利用IT系统让企业流程和信息更加直观，并有效传达，从而实现管理的无纸化、透明化与可视化，为高效运行提供保障。

一个复杂的工作指令或流程通过语言讲述可能要半个小时，落实到文字说明或许需要几百字，而通过一张简明的流程图只需要几秒就可以让人清晰明了，最贴合人类大脑的信息处理习惯。可视化管理好比企业管理体系的外在导视系统，规避管理流程的暗箱和死角，剔除主观的揣测和臆断，是现代高效管理的基础。

简单化，即看得懂

经济学家和精明的商贩，同样懂得一个市场规则，但是表达却不同。管理对象多是普通大众，学术的晦涩和口语的随意都不适合，因此在信息编制和传递上务必简单化。在工作分配上，同样要力求简单化，体系思维固然重要，而突破点往往只有一个。简单化的工作思路就是在繁杂的体系中找到一个点集中突破，通过连带效应改善整体。《百家讲坛》大唐英雄传一期，讲师提到每一个历史人物的成功都有他专注的一点，秦始皇是统一天下、汉文帝是发展生产、汉武帝是弘扬国运。天才的卓越非凡都需要专注，何况凡人。“一万小时定律”对个人职业选择和发展的启示也在于专注，每天做好自己专注的一件事，日积月累才能洞察背后的机理，成为某一领域的专家。

场景化，即看得准

场景化是价值变现的关键环节，是一种能够根据事件、场地、对象、时间等要素进行换位思考的能力，管理措施和工作事项只有与场景匹配才能奏效。前不久在发动全员讲解太阳雨时，每个人都切身体会了对外介绍企业这项工作的技巧，既要将企业自身的了解转化为对外的讲述角度，也要考虑听众所在的场景及不同的群体的立场，冗长的、自说自话的理论难以给对方留下印象，简明扼要、通俗易懂又逻辑清晰的表达是关键。同理，市场运作方案的输出也要考虑终端场景的实现可行性，想当然的点子只会水土不服，对业务团队的工作传导也要充分考虑一线的环境模式，不增加无价值的负担。

可视化、简单化、场景化解决了管理主体、管理思路、管理对象之间的畅通连接，是管理价值转化不可或缺的三个关键。

与虚无划清界限

再次提笔，已是2016年9月，迎来了新的一岁。每当这个时候总要下意识地回顾自己过去的一年。山本耀司说，自己这个东西是看不见的，撞见一些别的什么反弹回来，才会了解自己，所以跟很强的东西、可怕的东西、水准很高的东西相碰撞，然后才知道自己是什么，这才是自我。在书中与作家对话，是我喜爱的碰撞方式，而人总有偷懒的时候，比起书籍，电视剧、手机的便利和诱惑，总让人后悔浪费了阅读的时光。一个小插曲让我有了一丝宽慰，在一次沟通中，我把看《琅琊榜》时记录的思考和团队管理进行了关联解读，一位同事笑说："陈总看电视剧都能想到工作。"这才发现自己的职业性已渗透在每分每秒：看广告时，想到品牌媒介投放；购物时与销售员攀谈，了解营销生态的变化；坐出租时和司机做雇主品牌的调研……非工作时间里的任何放松形式都暗涌着对工作的思考，成为了一种与生活并行的思维模式。

和同事打牌是我休息时的一大爱好，按约定输的一方买给赢方指定的书，一是给胜利一个甜蜜的仪式感，二是在心理上弥补本应在打牌时间看书的遗憾，最近陆续赢来王小波的作品集，书中思想的碰撞让我在自我、生活和职业中都窥见了全新的境地。李银河在悼念王小波一文中说：他像一个农夫，把真理从虚无里牵出来——就像从羊圈里牵出一头羊一样自然。读到这句时不禁感叹她作为灵魂伴侣的洞察，平实而透彻的归纳也把我阅读王小波的内心冲击像镜子般反射了出来。在《理想国与哲人王》一文中，王小波说：假如像某些哲人那样讲出晦涩、偏执的怪理，或者指天画地，口沫飞溅地做出武断的规定，那还不如让我自己多想想的好。不管怎么说，我不想把自己的未来交给任何人，尤其是哲人王。“与虚无划清界限”是他鲜明的态度，给了我莫大的触动。

一针见血，敏锐地发现并指出问题。在一次内部探讨中，一位负责人在剖析问题时，流露出对竞争对手策略的赞誉，乍听颇有思考的深度，而我机警地嗅到了不一样的味道，想起刚看过的销售人员堕落全过程的十步曲，第六步就是羡慕对手。我当机立断地指出这一点，大家不约而同地默默点头。作为管理者，侃侃而谈是最容易掉入的误区，我们不需要虚无的战略评判，而是洞察问题的心力。管理者首先是一个诊断者，在面对不可能完美的企业时，能够从表象症状看出内在问题，一针扎中病灶，既需要发现的智慧，也要有指出的魄力。

一眼看穿，洞察问题背后的原因和真相。前不久，集团在深圳的鲜果O2O电商果实帮宣告停业，遭遇了大多数互联网创业同样的结局。我们的很多痛苦，来自于突然发现的真相，如果你早就知道它，又有什么事情能让你彻底精神崩溃？新的经济生态不是取而代之的奇迹法宝，清醒地认识和坚守自身的属性与优势才是企业经营的关键。在2016年，我们强化人人营销、立足市场的思维管理，以标杆代理商的分享和复制作为渠道升级的核心，破除市场低迷的误区，把握耕耘品牌的真相。

一人担当，具备管理者的担当与能量。柯林斯说的第五级领导者身上有两个特点：一是“谦卑而执着，羞涩而无畏”；另一个特点是“遇到问题看镜子，遇到成就看窗外”。在太阳雨最重要的两类人是扛指标和带队伍的人，都需要极高的担当和责任心。

李敖说，王小波是中国白话文第一把手。在我看来，作家不仅是文字的大师，更是思想的智者。

徐风云

自媒体，传统企业转型必备标配

徐风云　1997 年加盟 TCL，先后在通讯实业公司担任推广部部长、公关传媒部部长。其间，其策划的 TCL 寻呼机“等着你呼我”活动在当时寻呼业内引起了巨大反响。1999 年 3 月调至 TCL 通讯设备股份公司担任总经办副主任。其间，成功地运作了中国第一台数字无绳电话上市的品牌推广。

传统企业转型不是什么新话题，在PC时代，互联网转型最具代表性的动作就是建网站，结果大家也都能看到：大大小小的企业，或大或小的企业网站，难得内容丰富兼具实用，更多的给人印象模糊，甚至内容乏味，视觉可憎。但不管怎样，PC时代的企业网站，自有其不可替代的作用。走到今天，移动互联网时代，传统企业转型的必备标配，是自媒体。

自媒体的定义，往大里说，是谓“人人皆媒体”或者“万物皆媒体”，我不是个学者，不想去细究这些精准定义，或者判别各种内涵、外延之类的概念。其实我今天想说的，仅仅是特指目前以微信公众号（包括订阅号、服务号）、微博为代表的“双微”这样的自媒体，它们在我们传统企业转型中不可替代的重要作用。另外，QQ公众号据说也出来了。在我的理解，它们作为自媒体，应该和微信公众号差不多，但或许QQ更青春、更活泼和多变。但其实不管以后这一类的自媒体究竟披的是微信的外衣，还是QQ的马甲，或者其他新崛起的别的什么工具，有一点是确定的：都必将朝着“万物互联”的方向产生不可逆转的推进。

微信的神速发展以及对日常生活的深度渗透，已经毋庸置疑。我每天花在微信上和朋友沟通互动、阅读娱乐、运动休闲的时间往少里说都有一两个小时。固然有各种对“碎片化阅读”以及其他微信对社会、心理等负面影响的分析和反对，但大势不可挡，而且，微信始终是利大于弊的好事物，它让“企业皆媒体”真正成为可能。如果时光倒流十几二十年，当我还在TCL品牌部的时候，就有微信公众号这种自媒体传播工具，当年的那些传播案例应该可以做得更好、性价比更高。

喉舌自媒体

作为一个做品牌出身的人，我深深地了解，一个传统企业在以往为了获得一点聚光灯的闪亮，为了长期、持续地在大众面前树立自己企业、产品的形象，要在建立和维护媒体关系上付出多么高的成本、背后要做多少不为人知的工作。当然，自媒体时代来临并不意味着企业在媒体关系维护上不需要做工作。相反，自媒体环境更杂更乱更喧嚣多样，企业在形象宣传、危机公关上要解决的新问题不少，但其中最要紧的一样，就是不能放弃自己企业的自媒体建设，不能没有自己的喉舌。

对的，我用了“喉舌”一词。以往大众媒体是垄断的，特别是传统的从中央到地方的报纸、广播、电视，那可都是代价昂贵的“喉舌”。后来有了比较市场化的（如都市报类）大众传媒，它们与企业之间的关系，打打闹闹，分分合合。大家也清楚，其中除了利害、广告、费用关系，最重要的一点，它们始终也不是企业的“喉舌”。现在好了，“企业皆媒体”，你完全可以有自己的喉舌。做得好，一个微信公众号，一个微博，你就能向社会、向公众发出自己的声音，传递自己的理念，塑造自身的形象。所以说，自媒体是目前传统企业转型的必备标配。

不是所有的企业都有阿里的霸道和财力，可以将包括《南华早报》这样级别的媒体收入囊中，但对于想在移动互联网时代转型成功的稍上一点规模的传统企业来说，至少做好自己的自媒体布局，却是完全应该并且可以的。

做好自己的自媒体，起码以下几点好处显而易见。首先自然是掌握自身企业舆论宣传的主动性，不仅日常的企业形象、产品宣传、市场营销活动有了自己的“喉舌”渠道、分发基地，一旦面临品牌或公关危机，也有第一时间回应的机会和窗口；二是深度服务客户，掌握客户或市场数据，为即将到来的大数据时代做准备。

把自媒体建设纳入企业战略

实际上，顺应媒体电商化的潮流，如果你的企业自媒体做得到位，本来仅仅是用来宣传和一般性响应及服务的自媒体渠道，完全可以转化成你的销售渠道、定制渠道。

目前市场上一些新兴的电商创业企业，利用自媒体渠道做销售，直接由内容转化成销售的比比皆是。千万不要认为这是新兴小企业、IT创业企业才能玩得转玩得好的事情，对于转型中的传统企业，一样值得尝试，一样值得投入去做类似的事。

笔者曾经就此话题和广州长隆集团的市场总监熊晓杰聊天。作为一个从微信公众号出来后不久就异常重视企业自媒体建设的行家，熊晓杰认为，对于一个大型企业集团来说，建设好自己的自媒体矩阵，完全应该提高到一个战略高度来看待。对此，笔者深以为然。事实上，最近在北京刚结束的中国企业自媒体高峰会议上，国资委下属的各大型企业也对企业自媒体给予了高度重视，像中粮、联通、电信等巨无霸企业不仅都成立了并成功运营了自己的自媒体，他们这些企业自媒体甚至还联合起来，刚刚成立了一个国资委旗下的自媒体联盟，并宣称此自媒体联盟覆盖受众达几千万。

当然，也不是所有传统企业建设企业自媒体都能像尚品宅配或者杜蕾丝，每年以付出几千万的成本和人力阵容去做到极致、做到最佳。对于未必还有实力将企业自媒体上升到“战略”高度上的众多民营企业来说，即便是在“术”的层面上将企业自媒体建设好，并加以充分利用，也是事半功倍、利在当下盈及未来的事情。就像微信自己的广告语说的：再小的个体，也有自己的声音。要发出自己的声音，并且还要发得好、发得妙，那又是另外一个比较专业的问题了，需要另文详述。这里对于企业自媒体建设能够略略给到的建议就是：专业的事最好请专业的人来做，虽然不一定非要请在媒体里做过的记者编辑来做企业自媒体，但起码还是要配备具备一定专业背景的人才来运营。

话说回来，企业的自媒体，建得再好最终是要把重点落在自家的营销服务上，但这中间要搭好“桥”，要有曲线救国的长线意识，要讲究许多的技巧，这里面的门道，自然是需要专业人士结合自家企业特点，细细琢磨并在实践中不断改进，找寻最适合自己企业的方式和方法。

刘立荣

差异化才是手机大战的生存之道

刘立荣 1996 年进入中山小霸王电子科技公司，1997 年参与创办金正数码公司，后任副总经理，2001 年离开金正，2002 年创办深圳市金立通信设备有限公司。

无论是十三年前还是十三年后，手机已经从一个“新鲜玩意儿”变成我们每个人日常生活中的必需品，甚至有人将之比喻成人类的又一个器官。而对于手机而言，它也在经历着“价格战”“专利战”等等人类设下的套路。

虽然大家是在这两年才看到形形色色的“手机大战”，但其实整整15年来，我在手机行业从来没有感觉到风平浪静的时候。当然，激烈的竞争可以让国产手机竞争力越来越强、技术创新和进步越来越快，甚至从某种角度上讲，中国手机行业推动了中国GDP的发展。

差异化生存之道

我是一个在手机行业摸爬滚打了15年的人，是见证手机一步一步发展的人，也是见证手机行业境遇不断变化的人。对于手机品牌来说，要生存，永恒不变的解决方案就是差异化。

差异化战略既是趋势，也是生存之道。金立也制定了差异化战略，在差异化的过程中，金立主要攻克了三个方面。

品牌差异化。手机行业的趋势，未来一定是细分用户，然后获得细分用户的产品认同和情感认同。世界巨头如苹果、三星，以及国内各个有竞争力的品牌，都开始出现在细分领域打造差异化的趋势。未来品牌只有在某一类或某几类人群中取得牢固定位，牢牢地抓住消费者的认同，才有可能生存。

产品差异化。在定位好细分用户之后，一定要抓住用户的痛点和刚需。打造超越用户预期价值的产品，完善用户体验，这是差异化竞争的核心。

渠道差异化。这也是最重要的一点。我们一直坚信，开放市场决定生存。所以，在全球开放市场环境下，谁能提供超越竞争对手的面对面服务能力，谁才有“差异化”的资本。

作为金立来讲，金立的差异化就是金立M系列，而金立M系列的细分定位就是政商人士，这和金立品牌的传承密切相关。

解决痛点和刚需

在制定了差异化战略之后，接下来要处理的就是产品规划问题。金立有接近2000人的研发队伍。从硬件、软件、系统众多方面进行自主研发、自主打造，就是要发现痛点和刚需，然后利用自有技术和资源去满足它。

目前来讲，针对政商人士，我们找到了他们的几大痛点——续航、安全等。我们已经进行了近一年的研究，致力于在2017年提供一套完美的解决方案。

续航是政商人士的第一个痛点。

我们最早其实就是用续航定位人群，因为手机行业几乎每一块技术都有巨大的进步，唯有电池技术进展得非常缓慢。但是续航问题，却几乎是现在所有手机用户的痛点，尤其是高效的政商人士。其实说远一点，续航问题还有更大范围的普遍性。不仅是对手机，电池技术对目前许多相关行业的限制也非常大。例如现在的无人机飞20分钟就需要返航，根本无法保证飞半个小时以上。

而手机的续航问题与其他产品的续航性能要求不一，手机是手持设备，考虑到重量问题，所以电池能力的要求就更为苛刻。大家寻求其他的技术，比如快充。按照金立的技术积累其实完全可以把快充技术提高两倍，但这样会带来一定副作用，所以我们尽可能在快充速度、容量密度、发热之间找到平衡。

第二个痛点是安全。

安全这个痛点，是身边不少朋友经常谈论的问题，我们每个人都有切身体会。有一次，我在国外丢了手机，那时突然发现自己遭受到的影响极大，甚至是一种非常严重的恐惧心理，因为我手机里储存着各种各样的数据资料。除此之外，通话是否会被窃听、信息是否会被窃取——对政商人士而言，安全是真命题，不是伪命题。

对于普通用户而言，安全问题也在日益凸显。现在安全刚刚起步，手机上付几百块好像是小事，但未来当移动端交易成为主流，我们对安全的需求就会越来越大。

手机专利六大战役

手机行业可以说是目前世界上竞争非常激烈的行业，突出体现在以下几个方面：

平台战。平台战非常激烈，因为平台变化快。有时候一年两代平台，很多企业一年可能有十个平台，软件、硬件十个平台一起来，这是非常大的工作量。

屏幕战。屏幕尺寸从小到大、分辨率从低到高、从平面的到曲面的，未来还会非常激烈。

内存战。最开始做智能手机，内存是256 MB。现在发展到4 GB+64 GB，接下来还会有6 GB+128 GB、8 GB+256 GB，内存战会持续发展下去。

工艺战。这是最重要的战役。最开始做手机基本上都是塑料，后来发展到玻璃，现在又有了金属，往后还会有更多的新材料。厂商不仅要用这些新材料，手机外观设计还要做得没有缝隙并且美观，工艺精致程度对于每一个企业来讲费神不少。

系统战。不管是苹果ios，还是安卓系统，每个厂家在系统和交互软件上花费的精力是非常多的。为了不停地完善用户体验，他们在系统上投入的力量比对硬件的投入更大。

专利战。这是所有行业、所有厂家都绕不开的话题。

但是，从现在开始，手机才真正进入到生死决战的关键时刻。

林正刚

"被速成"的中国式经理人

林正刚　2002 年 5 月 1 日升任思科系统公司副总裁，领导思科系统公司亚太区客户服务业务部，全面负责客户服务和技术支持。林正刚于 2005 年 11 月担任思科系统（中国）网络技术有限公司总裁，统领销售、市场与整体运营管理，全面负责思科中国业务的发展。

“被速成”是一种命运

我年轻的时候，大学毕业生就像高考状元一样凤毛麟角。大部分打工者都是用劳力来换取报酬，当时就流行什么“老板只会剥削工人”的说法。到我1968年出国留学，看到外国的情况，才发现国外很不一样。我注意到除了工人外，也有不少被彼得·德鲁克（Peter F.Drucker，1909～2005，现代管理学之父）称为“知识工作者”的人群开始慢慢成为社会的主流，我们开始默默称呼这类人为“职业经理人”。他们首先是“知识工作者”，就是通过自身接受的教育换来的知识与企业做出价值交换，往往这些价值是业主不具备的。另外，更重要的是，这类人都有自己默认的职业操守，敬业、坚守岗位等。

我大学毕业时，所有毕业的工程师都聚在一个房间里面，参加一个宣誓成为职业工程师的典礼。房间里放了一条很长的大铁链，每个毕业的工程师都必须拿着铁链的一部分来宣誓，誓言是为了提醒我们应该担当的责任。我对职业经理人的认识，就是在这种环境下培养出来的。

“被速成”

中国的商业环境形成的时间比较短，会有不规范之处，而企业就是在这种不太规范的环境中成长起来的。很多企业为了生存就没有关注企业的管理规范问题，还有一些企业甚至认为规范就是不灵活，不灵活就会失去机会，这些都是不成熟的市场才会出现的状态。既然企业的管理不规范，那从这些环境中产生出来的职业经理人就会有很不一样的价值观与行为。从国际的标准来看，很多行为甚至是一种不诚信的商业行为。

那么职业经理人在中国还有发展前途吗？最近出现很多说法，他们对职业经理人都是毁誉比赞誉多。我也曾看见一些很不靠谱的职业经理人的行为，所以对这种说法完全可以理解。但我们不能因为一个时代的一些怪现象而否决一个重要的发展趋势。只要我们将视野放到全球，就会明确地看到职业经理人是社会的主流人群，我相信我们国家也不会例外，不可能所有人都去创业。我们的企业整天说做强做大，如果要脱离做小买卖的模式，那学会用职业经理人、培养职业经理人则是做强做大的必经之路。

创业者与职业经理人之间其实不仅没有矛盾，甚至是天然互补的。职业经理人需要创业者创造就业机会，创业者也需要职业经理人帮忙将企业做强做大。这种关系我相信还会维持一段时间。所以我常常告诉创业者：学会建立一个适合职业经理人发展的工作环境，是企业的一个重要能力，甚至是核心竞争力。

多年前，某知名人力资源顾问公司发表了一个报告，报告内容是比较不同地域职业经理人的水平。毫无意外，中国的职业经理人的专业水平与国外相比是有较大差距的。我完全理解这个差距的存在。首先，中国的职业经理人缺乏一些规范企业作为培养场所；其次，中国市场是一个高速成长的市场，很多职业经理人都在“被速成”的过程中。在这两个因素的影响下，中国职业经理人的水平与国际上的差距是可以预见的。我们当然可以把这个差距看作是“国情”，然后不再尝试做任何努力去改善它。但我却更喜欢将其看成是一个机会，思考怎样才能“高速”提升我们的职业经理人的水平，让年轻人可以少走弯路，尽快赶上世界大潮流。

三位一体

很多从来没有在外企待过的专家，特别喜欢分析外企做了什么，没有做什么。而我这个在外企待了35年的人，因为没有比较，真是不知道自己过去做了什么，整天只知道问题多多，每天都在解决这个问题、那个问题，一边做，一边批评企业的不足。直到我开始与民企一起“混”，才开始意识到我以前干过什么、以前的工作状态有多幸福。

要了解外企的职业经理人是怎样培养出来的，我想首先介绍两个词汇，一个是管理，另一个是运营。我在企业35年中，“管理”这个词整天都在用。什么意思呢？因为我们都知道我们是管理者，我们的责任是“运营”好一家企业。从第一天进入外企，员工就开始学习怎样在不同层面运营一家企业。在基层时，大部分工作将会是执行的工作，这意味着你需要学会公司的管理流程、机制，按章办事；如果管理流程设计合理，按章办事才是最有效率的。职位提升到中层，员工通常就需要具备计划能力，学会调动资源，知道公司有资源的限制，要想出办法，在资源有限的情况下，帮助一线员工完成任务。到了高层，替企业寻找方向、调整策略就变成了主要工作。这个三位一体（策略、计划、执行），以运营为目标的平台就是我所谓的企业运营框架。

作为一名员工，一进企业，这个舞台就已经搭好了，只需要尽快学会在舞台上演好你的戏，那就是一名合格的职业经理人了。可惜的是，很少有人考虑去学习怎样搭建这个舞台，而这才是精华。

运营缺“本”

民企面临的挑战就是缺乏这个三位一体的舞台。现在很多所谓的管理培训都是集中在“策略层”说事，策略层也是很容易说出许多兴奋点的。如果没有计划层与执行层的考虑，策略层就可以天马行空，思维可以在宇宙里面翱翔，十分过瘾，很多企业家乐此不疲就是这个原因。但一旦你要将想法落地，各种问题就出现了。首先，资源是否匹配。假设你有足够的资源，那么员工的价值观是否能支持你完成理想，这些都要一起考虑。三位一体是运营的根本，也是今天的民企最缺的。很多民企的老板认为请来一个外企的职业经理人就可以解决一切管理问题，可惜这些“空降兵”多数只学会了在舞台上演戏，从来没有领悟这个舞台搭建的原理。到了一个没有舞台的民企，他们就马上变得束手无策，最后的结果就是水土不服，待不下去。

民企也需要一个三位一体的运营平台，但必须要根据民企自身的条件来搭建，不能盲目模仿。这就是“企业运营框架”的作用。这个框架描述企业的运营规律，让民企自己分析自己的问题，然后决定怎样搭建适合自己的舞台。

价值观问题阻挡企业发展

在深圳的一个高峰论坛上，一位董事长问我：“为什么我从大学里面选拔出来的优秀年轻人没两三年都变质了，都犯上诚信问题了？”这个问题一直在困扰着我。诚信问题是一个价值观的问题，外企在这方面十分重视，也花很多精力建立了各种管理机制来培养健康的价值观。反观我们的中小企业，大部分都不太考虑什么文化价值观，出了事也没想到是价值观的问题。在我的领导者职业生涯里面，我从来没有因为能力的问题而开除过任何同事，相反，但凡是价值观问题，并触犯了公司的规矩，我一定毫不留情。我一直强调，聘请员工时，不能只考虑对方的能力，价值观更需要考虑。

必须清楚知道价值观底线

两年多前，某大学刚入学的一年级学生在微博上找到我，邀请我去她的校区给同学们讲课。我特别喜欢敢于尝试的年轻人，所以很快就同意去讲这个课。因为种种时间安排上的问题，这个课一直到几个月前才讲，这位同学也已经进入了三年级。当晚学生们的热情令我很感动，他们对我讲的内容表示很感兴趣，说这种信息很少听到，特别是我提到的“价值观底线”这个概念，对他们了解职场有很大帮助。现在回想起来，是那天的课让我认识到，强调价值观底线对大学生来说是一个多么重要的信息。

几个月之后，我终于准备好去录一个专门给大学生的课程，内容就是怎样可以成为一名成功的职业经理人。在录制的过程中，组织方也请了几位大学生来听课，同时提供即时的反馈。整个课程录了三天，几位大学生的反馈非常好，这更坚定了我将“培养职业经理人”这个课程传播到大学去的决心。课后，有一位学生写了一篇课后感言，下面一段是她对价值观的理解：

“‘价值观’这个词是一个被我们快要说烂，但鲜有人理解其内涵的词。我曾经一度认为它是一个很难用的词，因为它好像什么都可以包括，又好像什么都代表不了。听了林老师的课，我领悟到价值观的强大：它主宰你的一切思维，主宰你的一切行动。因此，在面临人生的岔路口，例如择业时，我们就要好好思考自己的价值观是什么、什么样的企业文化适合我。只有在价值观相协调的氛围中，团队才能齐心协力，向着共同的愿景去努力。若一个企业的价值观突破了自己的底线，那么不要犹豫，快速离开这家企业。因为你不仅感受不到工作的快乐，而且时刻会有进入危险境地的可能。”

回想自己35年的职场生涯，刚开始10年我是相对幸运的，进入了一个已经相对成熟的职场环境，我的职场价值观有机会慢慢地被培养出来。到我进入下一个职场时，我的价值观已经相当“牢固”了，底线很清晰，在以后碰上不同的挑战与冲击时，我的价值观都能够帮助我做出正确的选择，这是我幸运的地方。

许多中国大学生在毫无准备的情况下，一下跳进大染缸，可以想象其中的挑战性有多大。想要培养出一批出色的职业经理人，指望今天这些企业是不够的，我们必须要在大学生离校前给他们灌输正确的价值观，提高他们在职场有一个出色表现的可能性。

大学要为企业培育价值观

很多大学生在考虑工作机会时都不考虑中小企业，鉴于目前很多中小企业的状态，这个考虑是可以理解的，但我认为这是不客观的。另外，他们没有考虑到这种情况正在改变。今天，中国市场的一个很大特点就是“变”。所以大学生在寻找工作机会时不能光看现状，还需要考虑趋势。在高速变化的市场里，不考虑趋势，你的决定会永远滞后。

中小企业是经济的主要命脉。在互联网的世界里，这种变化还在不断加速。在变化之下，很多小企业将会是明天的世界 500强。只要我们上网就能发现，很多世界 500强企业不久之前还是小企业。所以，我认为，今天的大学生在寻找工作机会时，必须要有观念上的调整。一家管理规范的大企业可以提供一个比较完整的学习平台，但中小企业更能提供一些高速成长的机会。

前段时间，有一家企业请我去给他们讲讲企业转型，我问他们有多少时间来听这个题目。他们的管理层认为用半天时间来讨论这个话题应该是可以的，我听完之后就婉拒了这个邀请。

今天，企业转型不是一种什么特别行动，转型应该就是企业的常态。企业如果不能不断革自己的命，那市场一定革掉你的命。我现在的学员基本都来自中小企业，我对他们充满希望，看到他们的变化是我最大的收获。所以我认为，大学生应该多看看中小企业，因为它们才是未来的希望。

大学能提供职业经理人基础培训吗？我认为，大学不仅提供职业经理人基础培训，而且是必须的。中国的问题要用中国的方法去解决。我们不能像国外那样让学员去企业里面学做职业经理人，因为我们没有足够的管理合格的企业作为培养职业经理人的基地。今天的市场缺乏合格的职业经理人来支持市场的发展，这个缺失应该由谁来填补呢？我们当然可以要求企业担起这个责任，将这个成本加到企业身上，我相信很多大企业也正在这样做。问题是我们千千万万的中小企业却没有这种人力、物力来培养自己的职业经理人，这种情况又给中小企业的发展带来一层很大的障碍。

为了给中小企业一个公平竞争的机会，我认为教育系统应该将“培养职业经理人”作为大学生必修课。不管学生将来是进入职场，还是创业，这个培训一定能给他们带来帮助，同时也能给千万创业者提供创业的价值观。

几年前，一位在校大学生问我一个问题，他说：“老师，我快要毕业了，除了自己的学业之外，还要学些什么才能在职场有好的发展？”我认为，每个大学生都应该问。我当时的答案就是能力方程式：能力 ＝心态 × 沟通 × 知识。两年后，在这一版的能力方程式里面，我用“企业运营能力”代替了“能力”，而“知识”就是指“企业运营框架”。另外，一个很重要的强化就是将价值观加到了“心态”这个元素里面。我会先讨论价值观，然后再讨论心态，以及价值观与心态的关系。

打造适合自己的“价值圈”

在我此前30多年的职业领导人生涯里，我聘请过不少职业经理人，大部分都是以他们的学历与经历作为聘请的基础。但最近10年，我开始觉得这并不是很好的选人标准。几乎所有员工都是因为他们有某些“能力”才被聘请进入公司的，但从来没有一个是因为能力方面有问题给辞退的。辞退的原因基本就是一个：价值观不符合企业的要求。所以后来我开始用价值观作为一个请人的重要标准。

很多企业家都很认同选人先考虑价值观这个做法，但不知道怎样开始。我以为，首先要通过“团队价值圈”来判断自己企业的情况，其次是，设计适合企业的团队价值观。

能力蜜月期之后?

每家企业无论刻意还是无意，都会形成自己的企业价值观，即所谓的企业文化。当一名员工进入一家企业，他个人的价值观就会与企业的价值观产生互动。如果双方的价值观能和谐相处，甚至产生互补作用，那这名员工就能够在这家企业里面得到很好的发展。但如果这名员工不能与企业价值观很好地协调，那员工在这家企业的职业生涯一定不会太顺。对职业经理人来说，在寻找适合自己的工作时，我也建议重点考虑企业的价值观。

作为一个创业者，通常聘请人的标准就是所谓的能力，价值观通常不在考虑范围之内。当能力蜜月期一过，价值观的不协调就开始暴露出来，轻者影响到员工的积极性，严重者则造成人才流失。

很多人都会说“发展靠团队”，但问题是团队不会自动生成，是需要培养的。在培养团队之前，你首先要选对人。很多创业者整天迷恋方法、激励机制，认为留不住人就是因为机制不行。我当然承认这也会是原因之一。但如果你请错了人，什么激励机制都不管用，所以首先还是请对人。所谓请对人并不是他的能力正好满足你的要求。在我的经验里，做事的能力是需要跟环境互动才能产生出来的。他在原来的公司能力很好并不能保证他来到你的公司能力还是很好。因为环境改变了，他需要适应期，适应好后，能力才有机会发挥出来。

所谓请对人，就是说你请的人能够适应你的环境，然后在你的环境里面能够正常发挥，这就叫请对人。也可以说，你聘请回来的员工的价值观与企业的价值观没有太大冲突，最后他能适应下来。所以考虑聘任一个人之前，他的价值观与你的企业的价值观能否融合是一个很关键的问题，我认为这个比他的能力更重要。但很多企业连自己的企业价值观都说不清楚，对应聘者就更无从说起了。所以，我建议创业者先要设计适合自己企业的“价值圈”，然后用这个价值圈作为打造团队的“蓝图”。这个蓝图可以用来作为聘请人的基础，也是打造团队的总价值圈。

图 1　团队价值圈

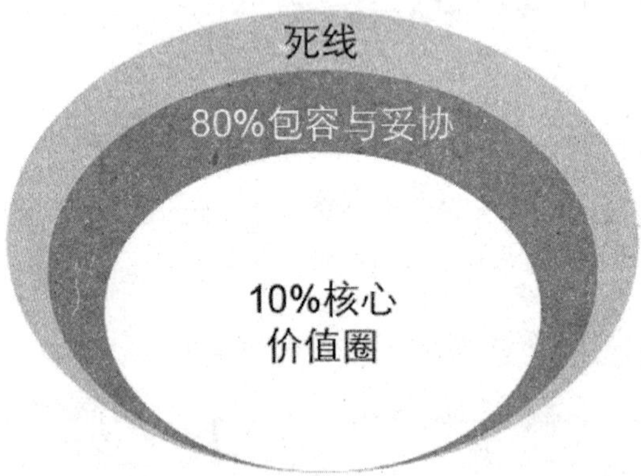

如图 1 所示，中间的圈是企业的核心价值圈，这个圈里面的价值

观就是企业的核心价值观，通常也会是创业者自己的价值观。这个核心圈会是你企业的核心团队，如果你有10%的员工具备圈里的核心价值观，那你在选人方面已经相当不错了。其他大概80%以上的员工都会属于外面的非核心圈，这也是企业大部分的员工，所以非核心不是不重要，只是他们不会是你的核心成员。创业者必须要用包容与妥协的心态来带动这个最大的群体。圈的外面就是企业的价值观死线。这条线定义企业的价值观底线，任何员工触碰到这条线就必须出局。我们常说对诚信问题我们采取一种零容忍的态度，这就是企业的价值观死线。当企业招人的时候，必须要将企业的死线勾画清楚，才能避免日后因为价值观的不和谐而分开，造成双方时间上的损失。

图2　八种基本的团队价值观

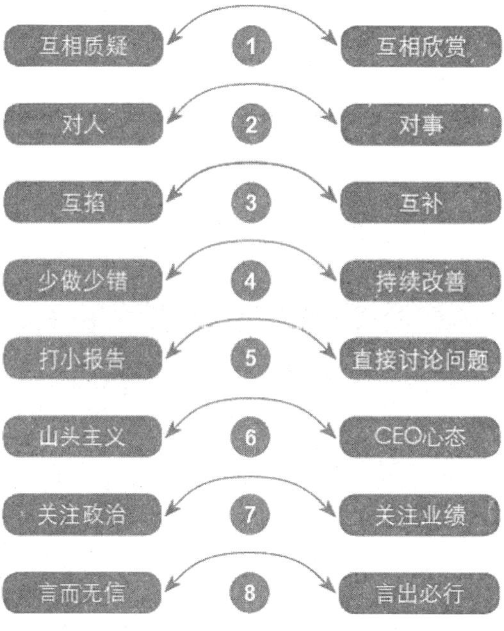

八种价值观模式

在过去几年与很多民企的接触过程中，我发现大部分企业都缺乏对价值观的意识，更从来没有想过什么是企业的价值观死线。由于招聘员工时缺乏价值观死线作为参考标准，所以唯一的聘请标准就是所谓的应聘者的“能力”。但很多招聘者忘记这个能力需要环境的配合，离开相应的环境，这个能力可能会大打折扣。所以我说能力蜜月期是6 ~ 12个月，若经过这段时间，新员工还不能习惯新环境，他的能力不能得到发挥的空间，那他的能力蜜月期就结束了。如果价值观再不协调，那就是雪上加霜，很多员工就在这时选择了离开，或开始变成公司的一大内耗，对双方造成精神与时间方面的损失。

就算是你请对了个别的员工，但他们能否成为你心目中的“梦之队”，那还是有很多功夫需要下的。一个团队是否高效要看他们是否具备高效的团队价值观。我见过很多高效的个人放在一起，个人效率全部投入到生产内耗中去了，所以团队的价值观才是企业成功所真正需要追求的。

企业的能力来自团队的能力，一个团队是否高效首先取决于他们有没有一个高效的团队价值观作为基础。根据个人经验，我总结了八种基本的团队价值观（团队行为）。你可能会问：为什么是八种，而不是九种或五种？我能加上其他价值观吗？当然可以。这八种只是一个参考，而我选择这八种的原因，是因为这些是我看见最普遍的。你当然可以加上一些其他的，或删除一些不适合的。但我认为，减法永远比加法好。

企业设计自己企业的团队价值观时，会看到的八种最普遍的价值观模型，如果能够逐一处理得当，说明团队具备相当高效的能力，反之说明结果相反。

八种基本的团队价值观（团队行为）示意图（图2）可以看成是一个管理工具，用来判断企业的团队价值观。这个工具是基于“dos and don’ts”（应该做的与不应该做的）的思路。在左边就是 don’ts（不应该做的），右边就是 dos（应该做的）。作为CEO，责任就是培养出右边的团队行为，这些就是一个高效团队的价值观和行为基准。虽然价值观看不出来，但行为是可以看见、可以感受到的。所以，价值观如果只是嘴上说说，不能看见行为，那就只是口号。里面每一招都有无数故事在后面，我相信，针对其中多个维度，企业家都会有身临其境的感觉，我在这里只是提供一个参考，告诉大家在世界500强企业里面的团队价值观大概是什么样子。

“不信任”的管理机制催生信任环境

互相质疑是人的本性，管理就是要理解人性，通过机制来填补人性缺陷，达到提高效率的最终目标。中国有句话叫“用人不疑，疑人不用”，这句话需要有一个前提才能成立，它需要一个共同价值观的支持，那就是诚信。在一个诚信缺失的社会，这句话是不可能成立的，如果你相信它，那只会自食恶果。但如果一个企业没有互信，员工之间互相猜疑，那部门之间也没法互相协助，这种企业就没有执行力可言。所以企业必须要建立一个互信的环境，否则就会内耗过高，带来企业无法承担的隐形成本。

权力需要被约束

企业必须要建立一个互信的环境，否则就会内耗过高，带来企业无法承担的隐形成本。

一个高效的团队必须要做到“1+1=3”的效果，要有这个效果，最基本的一点是必须要互信，有了互信之后，才能进一步进入一个互相欣赏的状态。刚进入外企的时候，我发觉外企的环境的确充满了互信，同事与同事之间很少会互相质疑，大部分都能够真诚合作。我当时还以为是外国人天性老实，容易相信人，有时候甚至笑他们过于天真，容易受骗。现在回想，天真的那个人是我。多年后，我才慢慢领会到这个价值观不是天生的，而是经过多年培养而来的。

西方管理的一个理念是：如果一个人的权力不得到适当的约束，那一有机会，他一定会做坏事。这个理念是所有西方管理机制的基础，所以，在组织架构中需要互相牵制、互相约束。

我们内部有一套监管差旅费用的规则，规则是我们管理团队定的，但执行是外包出去的，这样对方不用管你是谁，一样可以照章办事，而且外包的人都是在网上，你连样子都看不见，更不要想去影响他了。我们每个月开管理会的时候，会将头十名个人差旅费最高的雇员作为审查对象。

因为有了这种“不信任”的管理机制，同事之间的互信相对容易建立。就像是一个法治社会，大家都受同一法律的管辖，不会有特权主义，只有这样，同事之间才能做到互信、互相尊重，最后互相欣赏。作为一个CEO，团队价值观就是你的责任，所以你必须要考虑清楚你希望看见的团队行为是什么。如果你希望团队成员之间能够互相欣赏，那你必须要做好榜样。如果你整天只会批评其他人，那互相欣赏就不可能发生。我常常跟我的创业者学员强调，企业的一切问题都是CEO的问题，在你去质问任何人之前，首先要检查的是你自己。

一个互相欣赏的团队是否可能存在？我的答案是绝对可能，但对CEO要求很高。我曾经在一个这样的团队里面历练了两年，感觉超好，效率超高。每个人都愿意协助，最难得是互补，看到对方的弱点，不但不去拿来说事儿，还会帮助对方去补救不足的地方，这种管理环境让你很有创业的感觉，十分投入。当时的CEO给我的感觉就是包容度很高，永远都是在鼓励我们，特别鼓励我们合作，那种团队精神非常强。他不强调个人成功，只标榜团队的成功。他好比一个球队的教练，同时也下场与我们一起打拼，团队的感觉特别好。当时企业面对的外部环境并不乐观，但我总是觉得有很多动力，没有压力，这种就是高效团队了。

但面对我们今天的职场环境，在价值观与管理机制都缺乏的情况下，千万不能盲目去追求互信。要耐心地将价值观与管理机制建立起来，这样才能防止人性的弱点趁机突围。

为别人打开天窗

多年前，在参加一个企业文化价值观的高峰论坛时，我曾经发表过一段讲话。我认为在全球化的潮流推动下，所谓地方文化价值观慢慢会演变成为高效与低效的价值观。在人口不断增加，大家都不断追求更大生产力的情况下，追求效率是一个永不休止的趋势。那些能够提高我们效率的文化价值观一定会得到多数人的认可，反之，一定会遭淘汰。我在北美洲工作时，就“被培养”出一种对事不对人的价值观与行为。与同事合作过程中，一定会有不同程度的磨合问题，甚至互相指责，但这些“争吵”永远都是在“做事”上面，永远不会将人格拉进去。吵完后下班，我们还可以一起去酒吧喝一杯，第二天继续合作，继续争吵。

因为从来没有在有很多亚洲人的地方工作过，到我回到香港后，真是有水土不服的感觉。我这种“对事不对人”、什么事情都直截了当地指出来的做事方法，当时一定让我看起来十分另类。我甚至觉得可能有人给我“设套”想教训我一下，可惜我年龄比较大，皮有点厚，有些“套”可能都没有感觉出来。当时我的年龄比周围的同事都大一些，加上这种价值观，可能会让人感觉到我做事情总是与大家不协调。幸好我刚进去时，上司是一个澳大利亚人，他当了我两年老板，这两年给了我一个很好的适应期，否则结果可能很不一样。多年后，外表看起来我是“圆滑”了很多（有些人不认为），不再那么不近人情，不再动不动就指出别人的痛点，但我内心的价值观基本上还是“对事不对人”的。

很多同事多年后问我：“为什么你能接受那么多同事犯的错误，而且还能继续客观地给他们提供机会呢？换句话说，你不太记仇。”我的解释很简单，我认为谁都会犯错，犯错不代表人不能用，只要不涉及价值观底线的问题就行。做事情出错是成长的过程，不犯错就不会进步，所以我永远都是“对事不对人”，因此显得我包容性很强。大家都是出来做事的，应该以和为贵，仇就更沾不上边了。有些人整天好像周围的人都要害他一样，这种心态我是没有办法理解的。我们哪有那么重要，会有人天天想着怎么害我们。

每个人都有不同的做事方法，有时候对方做事方法不一样不代表他是错的，因为我相信答案一定不止一个。有时候你如果能多接受点不同意见，你也可以跟着进步。所以对我来说，“对事不对人”是一种高效的价值观，因为这样你才能够让更多人有发挥空间。我不仅相信做事情不只有一种方法，我还鼓励甚至要求大家一定要找不同的方法去做同样的事情。每次我们做好一件事，我通常会先表扬一下结果，但我会马上要求下次我们做这件事的时候，必须要找到更好的方法去做。这种做法已完全融进我们的基因里面，不是这样，何来创新。创新是一种心态，不是方法，因为有了这种心态，方法才变得不重要。

创新是一种心态，不是方法。

有些企业家希望我给他们答案。但我一开始通常都会说：“如果你希望来找答案，不好意思，这里没有。不只没有答案，我会给你更多问题，希望通过对这些问题的思考，你可以更准确地判断自己的问题是什么。如果你能准确找到自己的问题，那你的答案一定不会离得太远。”

我常常认为作为领导者，最重要的任务就是为别人打开天窗。如果你“人事不分”，那很容易就会错失人才，将一个可能很有前途的员工的天窗给关了。

在互联网时代，年轻人的价值观有很大的改变，年长者很容易就跟不上他们的思路。如果这个时候你缺乏包容心态和“对事不对人”的态度，很容易就不适合做现代社会的领导层。

作为领导者，你最重要的任务就是为别人打开天窗。

作为企业的CEO，“对事不对人”这个价值观是你必须要捍卫的。只要你从自己的行为上面不断表现出“对事不对人”的态度，不断提倡没有错的答案，你的团队就会有不断试错的勇气。长期下来，如果这个价值观能培养出来，我相信企业的创新能力一定有所提升。

脱掉主管的帽子！

少做少错——这种工作环境，绝对是一些不懂管理的管理者创造出来的，而他们还会怪员工不愿意沟通，态度不够积极。这些管理者的典型表现是不能接受犯错，员工立功得不到表扬，但犯错马上当众受批评。试问在这种工作环境中，员工怎么能积极起来？

创新是一种基因

我任职高管的时候，曾请过一名员工，他是一位经验丰富、很有责任心的员工。但我发觉一个现象，如果我不在，没有给他任何要求，他就一动不动。最后，我忍不住就跟他坐下来沟通了一下，我要知道为什么我不在时，他会什么都不做。

通过沟通，我才知道他的原单位的管理方式就是不能容忍错误的那种，所以他养成这种习惯，少做少错，我不在时，他就什么都不敢做。我后来跟他说：“我们这里不是这种管理方法。我希望员工都能好好发挥，不怕犯错。不尝试不会有创新，尝试就会有可能犯错。如果你不犯错，只能说明你什么都没有做。”

其实，我过去入职思科时，做事情也比较小心，也是担心犯错。有一天，一名同事这样跟我说："我们的文化是创新，鼓励员工自由发挥，公司有足够的机制保证我们不会犯大错误，其余你就放心去做。如果你做过分了，就会有人出来叫停，如果没有人叫停，你就放胆去做吧。"

在思科的 12年，我深深感受到什么叫"创新"。创新不是口号，不是某个人多点想法，或发明了一些新产品。创新是一种基因，所有员工的行为都可以带上创新的味道。每次员工来汇报工作进度时，我都习惯说："这次完成得不错，但是我们必须要记住，没有最好，只有更好，下次我们必须想法儿做得更好。"我们对所有供应商也是这样要求，永远不能原地踏步。这种基因也会延伸到对业绩的关注上，所以我们每个季度的策略会议必然会问"我们的新机会在哪"，如果没有新机会，企业的业绩就不能持续改善。

学会"直接讨论"

和少做少错一样，"打小报告"在每个公司也都存在。有人问"互掐"与"打小报告"有什么不一样？两者之间的确很像，但是对我来说，"互掐"是死线，"打小报告"属于可容忍范围。有一次，我调到一个新的工作岗位，很快我就发觉新团队里有打小报告的坏习惯，我马上安排在员工大会上宣布一个关于"打小报告"的新规矩。

我首先定义了什么叫"打小报告"。在同事互相合作的过程中，因为大家的价值观、做事方法不一样，一点小误会的产生是很难避免的。如果你遇上这些"小误会"，请先不要跑到我这里来"打小报告"。

我要求你先与那位同事打招呼，清晰阐述你的“小误会”。如果你的“小误会”得不到让你满意的解决，那你就可以将事情拿到我这里来寻求解决，如果这样，就不算是“打小报告”。我当天宣布的新游戏规矩就是：在来我这里“告状”之前，必须先将意见对当事人提出来，如果得不到合适的处理，再来我这里“告状”。

没多久，有一位同事来“告状”。我首先问他有没有听到我宣布的新的“告状”规矩，他说有。我又问他是否已经与当事人沟通过，他迟疑了一下，最后承认没有。我马上通知秘书将当事人也请到我的办公室来。当事人坐下后，我就对“告状者”说：“你先跟他沟通你对他的意见，我做公证，如果事情得不到妥当处理，我再受理。”

“告状者”最后要求另外找机会先与当事人沟通，然后再来找我。我当然同意这个建议，但“告状者”以后就没有再来告状了。从那之后，我基本上再也没有接过任何“小报告”了。

一把手直接负责团队的工作环境与气氛，如果有“打小报告”的习惯存在，这个一定是CEO的问题，因为这种习惯是在他的容许下才发生的。打小报告说明缺乏互信，还企图互掐，是一种不能容忍的行为。当CEO察觉到这种行为出现时，一定要马上处理，否则很容易被误会为“默认”。

健康的团队价值观是要鼓励“对事不对人”，任何合作过程中可能产生的误会都需要“直接讨论”。“打小报告”是一种低效的沟通行为，如果得到姑息，企业的内耗就会开始滋生。

在外企，我观察到这样一种现象：越是基层的会议，大家越客气，都绕着圈说话，但到了高层会议，大家都用一种“brutally

honest”（冷酷的诚实）的方法来沟通，甚至可以说“pulling no punches”（绝不手软）。所以高层会议里面，都是针针见血，丝毫不给情面，很多没有进入过高层管理的员工是想象不到的。

作为一名职业经理人，修炼之一就是不断培养自己高效的价值观与行为。学会“直接讨论”，避开“打小报告”，是职业经理人必备的能力。

山头主义新解

在一些企业中，我们还会发现山头主义问题。一个在深圳创业的企业家，有一天找我说，他的公司有一些问题，请我过去看一下。公司很年轻，大家基本上都没有太多管理经验，管理层也都是年轻人。我找了一天去参加他们定期的管理会议，我跟管理团队说：“我是来做观察员的，你们该谈什么就谈什么，不用管我。”看了半个小时左右，我大概知道什么情况了，就请大家暂时休会，然后全部离开会议室。在请他们重新回到会议室之前，我要求他们将自己“部门主管的帽子”给脱了。大家重新回到会议室坐下，我就说：“大家继续开会吧。记住，你现在是公司的管理团队，你要谈的是怎样解决公司的问题。请忘记你们是哪个部门的主管，这个帽子已经留在门外，你们开始开会吧。”然后一件很奇怪的事情出现了，大家都你看我、我看你，一句话都说不出来。

为什么没有声音？因为我将游戏规矩改了。不对，应该说是再次说清楚了。以前，估计没有人知道什么是管理团队，每次来开会都是以部门主管的身份来开会，目的就是向老板争取到最多的资源。公司的问题是老板的问题，我只关心自己部门的问题。老板每次开会都头大，不仅没有解决任何公司层面的问题，还惹起另一场资源争夺战。

团队沉默了一会儿，感觉很长，但可能还不到20秒，终于，一个年轻的、代表研发的小伙子先发言了。他说："我现在终于明白过去为什么一开会就吵架，因为我们从来就是代表自己部门来这里向老板争取资源的，从来就没有考虑我们来这里是替公司解决问题的。我们都假设公司有无限资源，不拿白不拿，所以就你争我夺，哪来什么管理团队啊！"

上面这种团队其实很普遍。这种就是所谓的"山头主义"。很多人以为，山头主义是很多员工特意去组织的。这种情况当然有，但很多时候，这些情况的形成都不是刻意的。我自己的分析是这样，大部分的创业者都比较年轻，缺乏管理经验，当公司具备一定规模时，当然会组成不同的部门来解决公司面对的问题。但当组织这些部门时，创业者没有注意到组织架构在管理上面的一些考虑，像激励机制、人事培养系统等，所以每个部门都突然间多了一些资源。很多部门经理都是第一次当管理者，完全不知道什么叫管理，公司也没有提供任何的培训或者示范，所以就百花齐放，什么管理风格都出现了。

很多企业的管理团队都是由各部门的主管组合而成，他们大多数都没有正确认识到作为管理团队中的一员有哪些责任，以为就是代表所属团队向公司争取最大的资源与福利。所以说到底，还是CEO的问题。在建立这些部门之前，CEO缺乏全面考虑，没有将团队的游戏规矩想清楚，所以之后问题来了才会很被动地见招拆招，但是出招也缺乏系统，结果就培养出山头主义的局面。

很明显，山头主义会给公司带来巨大的内耗。很多创业者会发觉，人越多，部门越多，工作就越忙，还更乱。最近，我的一位学员也在面对这个问题，他发觉他招聘团队时只是请了救火队，从来没有考虑组织架构的合理性，价值观是否匹配。最后他痛下决心，换掉团队大部分的成员，重新组织，公司在短短几个月的时间内，有了较大幅度的改善。所以我建议创业者在建立管理团队时，必须要考虑价值观的契合与组织架构的合理性。人事组织是一种长线的投资，不能用短线的眼光与手段来处理。一个团队的最高境界就是每个人都有CEO心态，公司的利益在部门利益之上，这种团队价值观需要CEO时时刻刻地坚持与捍卫。

季 琦

扩张不再是第一驱动力

季琦 华住酒店集团董事长。1997 年创办上海协成科技。1999 年，与梁建章、沈南鹏、范敏共同创建携程旅行网，人称“携程四君子”。此后的 11 年时间创建了 3 个登陆纳斯达克股票交易市场的企业（携程、如家和汉庭），其市值均超过了 10 亿美元。

回顾中国酒店业的发展，我认为2002年是最为特殊的时期，当时酒店业处在两极分化的状态。要么是以外资品牌为主的高星级、豪华酒店；要么就是各种类似于招待所的小旅馆。

由于各种契机，我们开始了对于经济型酒店的关注。当时出现了锦江之星和新亚之星。在仔细研究了当时的酒店体系之后，我们开始了中国经济型酒店大产业之旅。

在商业模式上，我们引入风险投资，引入创业者和团队的股权、期权激励，并将上市作为阶段性目标，以完成投资人和创业团队的退出需要。而在模型设计上，有限服务、实价销售、会员体系、中央预订、平衡计分卡、自主PMS等现代连锁和管理工具悉数上阵。

一开始，我们以直营为主，几年后开始加盟发展，但是，鉴于当时大部分加盟业主管理酒店经验不够，我们推行的是管理加盟，而不是欧美流行的特许模式。初期的布局，主要是在上海、北京这些城市，接着在长三角地区。

各种机缘巧合，郑南雁的7天，我创始的如家、汉庭，形成了以携程系为主的3家经济型酒店集团。三家也分别在美国市场上市，成为当时中国酒店业崛起的新兴力量。

负面清单

之后，锦江之星跟新亚之星合并，ibis（宜必思）也在国内积极发展，格林豪泰、速八等以特许的方式分享部分市场。一些地方性的品牌逐步衰败，逐步边缘化。格林豪泰和速八的纯特许模式，主要分布在低线市场；锦江之星和ibis造价高、品质好，但是发展缓慢，市场占有率低，没有充分享受到经济型酒店发展的红利。

每一个阶段，每一个时期，总有适合那个时代节奏的商业模型，应该说，三家携程系的公司，带动了整个中国酒店业的大踏步发展，为保守、经验型的传统酒店业注入了一股开放、创新之风。

除了得到投资人和资本市场的认可，也得到了广大消费者的喜欢和热爱，大家除了在高档酒店和招待所之间徘徊，也有了既经济实惠，又踏实放心的连锁品牌选择。几家迅速扩大到千店的规模，分布在数百个城市，覆盖了大多数地级市，许多闲置物业找到了高效率使用的途径，许多破败的老酒店焕发新生，解决了几十万基层劳动者的就业，上交国家的税收达到几十亿的数量级，而且，成千上万的加盟商通过投资连锁酒店找到了属于自己的事业，过上了更好的生活。

但是，随着规模的拉大，速度的提升，地域的延展，经济型酒店在发展过程中也出现了一些问题。影响比较大的是“毛巾门”、小卡片、“和颐门”、“加盟门”等。

经济型连锁经过十几年的发展，确实存在许多问题，我也准备整理目前存在的弊病和可能的解决方案。但是，品牌连锁酒店是不是像某些加盟商说的那样一无是处？是不是靠欺骗和盘剥加盟商来养肥自己？显然，我是不能苟同这些片面的观点和指责的。之所以发生上述的事情，我认为有四个原因：第一，国家宏观经济减速，使得许多行业受到了影响；第二，同质化供应量激增；第三，产品折损严重，品质下降；第四，高速发展，人才跟不上解决方案。

解决之路

对于以上负面清单，我们将如何解决？

加强沟通。这几年的大踏步前进，确实对于加盟商的关注少了，我们高管跟加盟商主动交流的时间太少，甚至，我们的一些部门和人员也沾染了官僚习气。

解决问题的办法就是加强沟通，保证渠道的畅通。这次一些加盟商提出组建加盟商业主委员会（简称业委会），应该是一个加强沟通的有效方法之一。在华住层面，从CEO到大区总，从开发到门店，从加盟部到运营部等都要建立日常例行的沟通机制，服务好加盟商。

这次我和华住CEO张敏见了10位最困难的加盟商，每年我也会邀请优秀加盟商去欧洲，再加上一年一度的加盟商大会——华住世界大会。这样的沟通和交流保证了我对最重要的一些加盟事物的参与和关注。华住各级管理人员，也都应该建立类似的沟通交流制度，保证能够倾听到一线最鲜活、最真实的声音。

合理布点。中国经济的发展存在极大的地区性级差，有许多新兴城市、旅游城市、新开发区、产业区都需要经济型连锁酒店进入。当然，这些地区位置的选择、房量的控制很重要，但是比扎堆在“水浅”的低线城市开店要好。

在一线城市，比如上海、北京、深圳等，不是门店多少的问题，是能不能开出酒店的问题。物业租金高、竞争业态多，使得一线租赁的重置成本很高。但是，像上海的迪士尼周边、北京的通州等新兴区域，还是有许多布点的潜力。

每年可以根据我们已有的大数据，给出全年的开店规划和布点建议（注意是“建议”，不是投资回报的保证，对于不成功的投资，我们不承担相关责任），我们可以将这些信息分享给区域加盟商，也让他们有的放矢，降低盲目开店的概率。对于不在我们规划内的加盟请求，我们只能委婉谢绝。

保证品质。有限服务将会是未来的主流，依然要依赖自动化、IT技术，来减少人工，降低任职要求。但是，有限服务不是没有服务，更不是劣质服务，在所有提供的服务上，不管是人工还是自动化，都应该体贴、亲切、细致、专业，要带着爱来服务。

对于新开酒店，硬件不过关，一律不能通过！为了减少业主的损失，要在采购、现场监理等环节再接再厉，精益求精。做到沟通在前，帮助为主。硬件标准上只能硬，不能软，否则，损害的是整个品牌，损失的是大家的利益。

对于老门店，加强质检，建立内部品质评级，引入用户评价体系。不能按照标准运营的门店，必须整改，没有妥协和通融之处。并且建立退出机制，对于达不到品牌标准的门店，在期限内没有整改，按照规则，退出品牌。所谓“供给侧改革”，要淘汰的是落后的产能，是跟不上客户要求的劣质库存。在我们连锁里面，要淘汰的就是品质低的门店。

加强人才培训、培养。当扩张不再是第一驱动力的时候，就可以鼓励“以店为家”、“单店最大化”的工匠精神，所有的薪酬、奖励也可以往这个方向靠。店长工资和奖金归到门店，实发实付，不再经过总部周转。

店长的培养，虽然有华住学院的短期强训，价值观和个人综合性质的提高还是要靠日常点滴的积累和渗透。因此基层店长还是主要靠华住系统内的提拔、调度为好，至少也要在华住系统内经过一段时间的学习和适应。价值观最根本，如果对了，其他的就容易一些。

我们也不能太依赖基层店长的复杂管理能力，技术能解决的，最好不要靠人，比如定价、收益管理、各类分析报告、预算跟踪、成本分析等，我们要利用华住系统的云端大数据，帮助店长决策、管理。这样就能让千千万万个普通员工，有可能可以拥有自己管理门店的能力。

志同道合，同舟共济。创立华住的初期，我讲过一句话：一群志同道合的朋友们快乐地成就一件伟大的事业。志同道合是根本，然后才可以做朋友，才能快乐，才有可能伟大！同样，华住只选择志同道合的伙伴，我们不想把宝贵的资源浪费在不该浪费的人和事情上面，志同道合是选择的唯一标准。那些不认同华住价值观、不认同华住品牌、不认同契约精神的，还是请早点退出。最近跟部分加盟商的见面会上，我也给出了一个月的减免违约责任（困难店可以免除违约罚金）的退出期限。

但是，对于那些最困难的伙伴们，我们还是要用爱心和同情心来对待。其中包括减免部分费用、增派优秀人才打堡垒、硬件改善等。但是，这不是普惠政策，更不是对契约的违背，而是华住价值观里对“善”的理解和坚守。这就是我说的——同舟共济。

未来之路

经济型酒店的未来在哪里？能不能继续存续下去？是不是可以保持稳定的增长？还能不能具有投资价值？对此，我已经思考多年了。这几年，租金上涨，包括人工在内的各项成本上涨，而同店RevPAR并没有随之上涨。也就是相应的投资回报在下降，降到一定程度，就达不到一般投资的标准，就会成为一个低增长或者不增长的行业。媒体和各类专家唱衰经济型酒店这个行业已经很长时间了，但是，各大品牌都在增长，情况并不像他们预测的那样糟糕。

任何一个商业机构，一定是要为某一群人创造价值，提供服务。经济型酒店服务的人群还在不在？有没有根本性地改变？我的观点是：人群还在，没有根本性改变。

中国酒店的潜在消费者在6～8个亿，其中绝大多数是不富裕的家庭和个体，他们对于出行，价格是一个非常敏感的考量因素。虽然说近几年中产阶层和新中产阶层正在稳步增长，消费升级也正在发生，但是不能改变的事实依然是：绝大多数中国消费者依然不太富裕！这个事实跟一个国家的财富总量相关，跟一个国家的财富分配模式相关，我看50年内都不会发生本质性的改变。我们依然是发展中国家，我们国家的人均收入依然很低，我们的消费能力依然有限。

因此，经济型酒店从原来过去白领、商务、城市等群体，转而向更多、更大的人群开放，包括但不限于那些对价格敏感的人群，追求性价比的理性消费者，看重方便的旅行者。中档的布局近期远不及经济型连锁，加上经济型里面有一些像汉庭二代、ibis这样的升级产品，这些因素会使得受众非常广泛。未来汉庭要做的是“国民酒店”，是针对社会各个阶层的稳定、可靠、经济的缺省选择。

目前，所有连锁品牌加起来的总量也只占到同类酒店的 20%左右，而这个比例在美国是70%左右，所以我说，经济型酒店的发展，跟发达国家相比，至少还有3 ~ 4倍的增长潜力。

至于投资回报，肯定是要回归到一个正常的范围之内。正是因为前几年经济型酒店的回报高、投资回报的可靠性强，吸引了众多加盟商加入进来。有些加盟商选点不慎，有些租金太高，有些是因为城市规划改变，但最主要是这几年的经济形势下滑，使得加盟商的回报出现了问题，有些甚至亏损。这样又会使得一部分人退出，其他投资者也会更加慎重，这样子，就像大多数市场经济的规律一样，这只看不见的市场之手就会调节发展速度，使得回归理性、回归正常。而这个时候，市场上最具投资回报竞争力的品牌就会脱颖而出，那些投机者、跟风者就会逐步被市场驱逐、清洗掉。

经济型酒店从开始到现在，将近15年的历史，不是僵化、一成不变的，是到了需要变革和创新的时候了。经济型酒店在快速扩张、极速开店之后，各品牌也会继续细分、继续分层，品牌的差异化和个性化也会更加鲜明。不管是产品创新、模式创新，还是品质升级，都是要紧跟主流消费者的需求来。

华住已经完成汉庭二代和新版ibis的样板研发，我对他们充满期待和信心！我们一如既往地在品牌营销和科技创新上持续投入。这是未雨绸缪，在未来的竞争中确保可持续的核心竞争力的必要投资。华住正在积极筹划投入大笔资金，进行汉庭品牌的形象升级和再造工程，以期建构更加鲜明、更具时代感的品牌新形象，与消费者之间建立更紧密的情感联系。同时，华住持续不断地加大在IT技术方面的投资，如APP的持续改进、光速入住、华掌柜等，使消费者尽享科技带来的便利。

华住仍然会将经济型酒店作为公司的战略重点，依然保持直营店的投资，依然将公司的主要资源放在经济型酒店这里，包括但不限于对于过去高速发展带来的问题的修正。 市场的变化给了我们一次自我反省的好时机，也给予了我们理性前行的动力和理由。我坚信：经济型酒店的未来，依然是一片光明！

陈玉东

工业 4.0 的中德合璧模式

陈玉东　陈玉东博士毕业于重庆大学电机系。1991 年获美国密歇根大学硕士和博士学位。1998 年获得美国密歇根州立大学工商管理硕士学位。2007 年，陈玉东博十加入德国博世集团汽油机系统部任高级副总裁，主管中国区的业务发展。2008 年 5 月至 2010 年 12 月期间，任博世(中国)投资有限公司执行副总裁，领导博世在中国的汽车产品的销售业务。自 2011 年起陈玉东博士担任博世中国总裁。

2015年，博世中国做了两个比较大的收购，一个是博西家电的50%，一个是采埃孚转向机的50%。2015年博世在华合并销售额达到770亿元人民币，博世中国销售额占博世全球的市场份额也因此达到了16%的水平，并首次超过了我们在美国的市场份额，成为博世在德国以外的最大市场。截至2015年底，我们在中国有55000名员工，已成为博世集团全球除德国以外员工数最多的一个市场。

投资180亿

我们有四个业务板块。在过去一年当中，这四个业务板块在中国市场上，表现各异，有表现好的，也有不尽如人意的地方。在汽车与智能交通技术领域，也就是汽车相关业务，这块业务板块2015年也保持了快速与行业一同健康发展的势头。然后是消费品，随着博西家电的并入以及我们的电动工具在市场上优秀的表现，这块业务2015年也保持了一个好的正增长。另外，我们在工业技术与能源及建筑技术等两个板块的表现，和2015年经济运行的情况非常吻合，随着国家的固定资产投入以及建筑行业的下滑，这两块市场也呈现一定的下滑，但是，我们这两块业务下滑的速度远远慢于市场本身的下滑速度，也就是说，我们还是增加了在这些行业的市场份额，尽管总体是下滑的。

博世在中国有100多年的历史，根据我们一贯的策略——根植本土、服务本土，我们在中国保持了一个长期的稳定发展。未来，我们深耕中国市场的决心不会变，在中国区域投资的力度不会变，继续培植引进本土人才的策略不会变。2016年，我们会在中国市场增加更多的员工，也会招聘非常多的大学生。我们一定会保持在中国的投入。过去五年，我们投入了超过180亿元人民币，而我们在2015年的一年中就投入了52亿人民币，2016年，我们会以几乎相同的投资力度，投资中国，服务中国，深耕中国这块市场。

除此之外，我们有四个新项目在2015年和2016年陆陆续续开工，包含了我们在上海的汽车电子的技术中心、苏州新的研发大楼、博世中国的研究院，我们投了很多的实验设备，同时也包含了我们在长沙新厂房的投建。同时，在研发和发明方面，2015年也是我们最好的一年，目前我们有5500多位研发人员在中国，服务于我们不同的业务板块。

中德对接

自从“互联网+”提出以来，过去一年中，我们也陆续落地了新的业务单元和产品线。

比如Bosch Sensortec，也就是传感器技术，这个项目实际上已经在中国落地几年了，Bosch Sensortec在德国总部以外，最大的基地就是在中国。我们在中国既有研发、销售，又有生产（苏州基地）。

再一个是软件。我们本身在各个部门都有很多的软件人才，同时，我们在中国投入了博世创新软件这样一个部门，这个部门集中了博世所有的优势，为客户做一些整体的解决方案，同时也提供一些基础软件的服务，比如说，有些充电桩的运营商，他们可能会用到我们的基础软件来做他们的应用等等。2015年，比较创新的一个项目就是，我们成立了博世物联设备及解决方案有限公司，也就是我们的苏州和上海公司，专门利用我们的传感器技术和软件技术，集成一些最终端用户所需要的解决方案，在实际运用中，比如展区里的自动紧急呼叫系统、停车位的传感器等。总之，我们希望这些新的部门，能够凭借我们互联网的3S优势——即传感、软件和服务，为我们中国市场提供更多更好的解决方案，来适应中国“互联网+”的发展趋势。

结合我们的业务板块以及我们的3S优势，未来我们将着重拓展四个领域——互联交通、互联工业、智能家居和智慧城市，构成了我们的方阵，来深耕中国市场，提供更好的解决方案。

在互联交通领域，目前从电动汽车到智能汽车到互联，我们都有很多的产品和很多的服务，来服务于我们的市场；在互联工业领域，我们主要是深耕工业4.0、工业自动化等等相关的产品，我们和国内的一些企业，包括国务院发展研究中心，都有很多的合作，把“互联网+”和德国工业4.0结合在一起，为中国提出的《中国制造2025》目标做出贡献；在智能家居领域，在中国包括博西家电，包括我们的电动工具、热力技术等所面向家居类的产品，都能够通过我们的“云”，互相连在一起，给用户提供更好的用户体验；智慧城市方面，未来会包括停车系统、智能交通系统、车辆的跟踪系统以及冷链物流等业务，说到冷链物流，前一段在国内发生的疫苗事件，因为没有冷链物流，造成疫苗过期，但其实我们能提供监控冷链车的解决方案。

总之，我们是希望基于跨领域的行业经验，以及硬件、软件、服务等矩阵式产品，和本土合作伙伴一起，打造更好的产品、用户体验，以及为我们中国实现智慧城市、智能家居，并为我们的工业以及出行解决方案，做出我们的贡献。

工业 4.0

系德国政府提出的高科技战略计划。该项目由德国联邦教育局及研究部和联邦经济技术部联合资助，旨在提升制造业的智能化水平，建立具有适应性、资源效率及人因工程学的智慧工厂，在商业流程及价值流程中整合客户及商业伙伴。其技术基础是网络实体系统及物联网。

德国所谓的工业四代（Industry 4.0）是指利用物联信息系统（Cyber-Physical System 简称 CPS）将生产中的供应、制造、销售信息数据化、智慧化，最后达到快速、有效、个人化的产品供应。

目前，工业 4.0 已进入中德合作新时代，中德双方签署了《中德合作行动纲要》。

唐　宁

弯下腰来做小微金融

唐宁　现任华创资本创始人、CEO，宜信公司创始人、CEO。唐宁先生曾任中国小额信贷联盟理事会战略委员会主任、清华大学中国创业者训练营导师组委会委员、北京大学社会企业家精神培养课程专家顾问、北京理工大学创业中心创业导师、北京航空航天大学 MBA 社会导师、中央财经大学商学院创业导师等。唐先生曾在华尔街 DLJ 投资银行从事金融、电信、媒体及高科技类企业的上市、发债和并购业务。2000 年回国，担任亚信科技（AsiaInfo，纳斯达克上市公司）战略投资和兼并收购总监。

宜信从10年前的中国首家个人对个人借贷服务平台，到2015年已实现“夯实基础”、“两翼齐飞”、“遍地开花”的三个三年规划，目前，已制定了我们到2020年“成为中国普惠金融、财富管理和互联网金融旗舰”的中期目标。彼得·德鲁克(Peter F.Drucker)说过，“企业是为客户而生的。”宜信的客户在变、在成长，宜信的成长紧跟中国高成长人群和大众富裕阶层、高净值人士的成长和不断变化的需求。

用“low”的方式获取信用

我们的普惠金融业务，是目前中国规模最大、客群覆盖最广、产品线最丰富、风控水平最高的普惠金融机构之一。我们是如何做到的？有说是先发优势，有说是模式创新，有说是业界顶级专家指导。我说这些都对，但我想特别说“把手弄脏”，说说“弯下腰来做小微”和“趴在地上做小微”。

做普惠金融服务，首先要能，放下身段，不怕脏不怕累。有人说，你们的“插贴派”太low，大家觉得骑着自行车到村儿里找客户low吗？格莱珉就是这样做的！

我想告诉大家的是，贴近客户、让客户觉得我们可触及，是普惠金融服务的核心要义。我们也有“高大上”的在线获客，“姨搜”和蜂巢等数据驱动的风控体系，机器人客服等等这些金融科技创新，宜人贷移动借款APP世界领先，但我国一半以上的普惠金融受众在未来N多年里，还不能通过“高大上”的方式，必须通过“low”的方式获取资金、建立信用。所以我们要有为他们长期low下去的心理准备。我想借此机会，向常年忙碌在街头巷尾、田间地头的普惠金融家们致敬，你们是最可爱的人！

中国的信用市场还不发达，违约成本相对较低，资金成本、获客成本、运营成本较高，从业机构的风控模型尚需完善，相应地，借款人的资金获取成本要比发达国家高。为了实现机构可持续，普惠金融业务一定要坚持风险定价，这就意味着在一段时间内，一部分借款人会付出20%甚至30%以上的借款成本。如何理解这个问题？我就此请教了哈佛商学院的Michael Chu教授，他是普惠金融领域的权威专家，既从事理论研究和教学，又有在拉丁美洲国家多年从事商业实践的经历（他还是哈佛商学院撰写的第二个宜信案例的指导教授）。Michael告诉我，较高的信用成本是早期信用市场的一个重要特点，如果没有市场化的小额信贷机构，仅仅依靠非正规的民间融资，资金成本会高出许多，借款人甚至无法获得资金（在这种情况下，资金成本实际上是无穷大的）。随着信用市场不断完善，信用评分体系建立起来，征信局有效提供服务，整个社会的资金获取成本会不断下降。例如宜人贷的ABCD四个信用级别，虽然现在仍以D类借款为主，但ABC类借款逐渐越来越多（虽然D类借款也是优质借款，且有巨大的市场需求）。

打开了潘多拉的盒子

财富管理业务，为中国财富管理行业而生，我们多年来秉承“资产配置”理念，直接推动了行业从“以产品为中心的代销”到“以客户为中心的资产配置”的转型升级。财富管理解决的问题，是各阶层理财者通过资产配置实现财富的保值增值，使其老有所养、老有所依，是实现社会和谐、家庭幸福的金融支撑。

相比高净值人士，大众富裕阶层和更为广大的中产阶层如何进行资产配置，如何科学构建他们的资产组合，是一个更大的挑战。宜信财富的专业团队，在全球资产配置专家委员会的指导下，结合发达市场的创新实践，于2016年5月推出智能理财平台投米RA，从此机器人投顾将会基于大数据技术和机器算法，为广大理财者提供全球化、多资产类别、个性化、低成本、实时监控、动态调整的资产组合。当然，对于那些更喜欢自己动手挑选产品的投资者，移动理财神器“指旺”是其首选。“旧时王谢堂前燕，飞入寻常百姓家。”随着这些重磅酷品的推出，中产阶层理财的世界级难题得以解决，中国财富管理行业进入新时代。

从信用中国、普惠金融，到资产配置、财富管理，10年来，我们也犯过不少错误，走过许多弯路。高速发展的、创新的业务，知识培训、技能培训、合规培训至关重要，当新人进入我们的组织，我们是否总能给予他们足够好的培训？当一位同事因为培训不到位而误导了客户，损失的是客户对整个组织的信任。还有，我们一度认为，一条业务占比很低的创新业务线，只要把其能承受的最大风险界定好，有足够的安全垫，就算它全军覆没也都在安全线以内，对组织不会产生风险，但我们忽略了金融的外溢性，一条业务线产生问题可能会对组织的品牌带来整体的负面影响，不可能局部隔离。这些教训，都极为深刻，比在清华读的EDP案例更为刻骨铭心。

10年金融创新实践，我们对发展与规范的关系也有了更为深刻的认识。作为模式创新的始作俑者，我们开创了新时代，也同时打开了潘多拉的盒子，新模式、新技术，既能为有德之人善用，也能成为违规甚至违法的工具。为了给自己、给网贷平台模式带上“紧箍咒”，我们从几年前就设计并尝试推动与银行等金融机构合作进行资金托管。这只是宜信人拥抱监管、规范创新的诸多举措之一。走进新10年，我们作为行业领军企业，要倍加珍惜客户的信任，风险之剑高悬，做规范发展的模范。

杨定平

诚信是创业家的立身之本

杨定平　中国互联网金融与家居产业链共融模式创始人，“互联网 +”及“大众创业、万众创新”企业践行者。曾先后创办了深圳市盛世鸿雅家具有限公司、深圳市煜隆创业投资股份有限公司、深圳市煜达互联网金融服务股份有限公司、深圳市煜顺金融信息技术有限公司、深圳雅堂家居电子商务股份有限公司等多家企业，并重点打造家具电商品牌——雅堂。

这是最好的时代。

一方面，李克强总理在政府工作报告中提出“大众创业，万众创新”，并通过各种场合宣传和倡导这一理念，在960万平方公里的中华大地上，掀起了草根创业的新浪潮。另一方面，互联网不但改变着人们的交流方式，改变着人们了解信息的方式和购物的方式，同样驱动着金融领域的变革——依靠草根民众和大众力量获得资金的互联网众筹模式以及P2P的兴起，使优秀创业项目获得资金更为便利，也使真正优秀的项目获得大发展有了更多的可能性。

作为家具电商业的创业者，作为雅堂的缔造者，我由衷地感谢这个时代。多年的创业历程，也使我深切地体会到：诚信，才是创业家的立身之本！

诚信就是创业家的资本

2000年，我从四川巴中来到深圳。与千千万万怀揣梦想闯荡深圳的人一样，在这个能诞生一切奇迹的城市里，我曾因学历太低而找不到工作，白天用白开水煮香菇充饥，夜晚就睡在荔枝公园的长凳之上。我睡过天桥、火车站；我卖过阶梯英语教材，当过房地产经纪人，在艰难境遇中苦苦挣扎。

但是，生活的艰难丝毫没有影响我追求成功的信念，我始终对未来充满信心，我始终视工作如生命！转折点来自一个偶然的机会——

我进了一家中式古典家具公司打工，从此与红木家具结下了不解之缘，同时也对家具产业链有了深入了解。2007年7月份，我和几位朋友一起组建了自己的公司——深圳市盛世鸿雅家具有限公司。创业过程一波三折，2010年，我遭人欺骗而陷入绝境，借过高利贷，甚至卖掉了自己唯一的住房。

我始终认为，一个人最大的资本，是公众对他诚信度的认可。2014年的《人民日报》上曾经刊登过一个我的故事：就在2010年这段极其困难的时期，我找网贷平台“搜搜贷”借款。“搜搜贷”创始人范敏是个85后女孩。2011年，我在搜搜贷平台借款已有一年多，从没出现过逾期不还记录，虽没见过面，但是范敏非常认可我的诚信度。当时我的家具公司扩大规模，要自建工厂，需要1000万元的资金。为了让她放心，我多次邀她到工地去考察，并带她去参观自己的家具专卖店，终于，范敏给了我1000万元的信用额度。伴随着工厂的快速成长和家具专卖店的增加，她又陆续把我的信用额度调高到2000万元。

然而，2011年12月，“搜搜贷”出现了借款者逾期欠款事件，到2012年3月，逾期资金高达2000万元。在她一筹莫展之时，我对她说：“你帮我建起了工厂，才使我的企业有了今天。现在，我要帮助你，我来替你背这笔债！”

因为自己多年诚信待人所积累的口碑，2012年6月，煜隆创投成立后，先后进行两次募资招股时，没怎么费力就有了83名来自全国各地的股东，有人甚至拿出了家中的全部积蓄。

他们都是冲着我这个人、我的诚信来的，有什么比他们的信任更令人感动呢?

诚信能获得越来越多的追随者

金融的核心是安全。2015年9月9日，雅堂首轮融资时，只用了短短一小时，就募得资金1.158亿元，有了359位创始股东。我对大家说得很清楚，这笔钱我要投到央视做广告，再有就是用于新平台的建设和2016年参加深圳国际家具展。我说到做到，所有这些规划都在有条不紊地逐一兑现和进行。目前，深圳家具展2016年70%的广告也被雅堂拿下来了。我相信，当大家看到雅堂体验店在全国各地一家家地开起来，央视广告轮番地播放，他们会鲜明地体会到自己投资的价值，相信自己的眼光和判断。他们会对雅堂充满信心，也会对我充满信心！我相信，随着他们的口碑相传，雅堂会拥有越来越多的粉丝，会拥有越来越多的投资者和追随者。

近年来，我制定了一个不成文的规矩：我说过的每一句与工作相关的话，我承诺过的每一件事，助理都要记录下来，及时提醒我兑现。说到做到，绝不对任何人失信！诚信是我们未来之路能走得更宽阔、更长久的一个重要因素。

杨红春

良品铺子要做“互联网＋零食”业翘楚

杨红春　良品铺子有限公司创始人兼董事长。良品铺子不仅是零售行业“互联网＋”的典型代表，也成为全国零食企业全渠道商业模式的代表。他认为，做生意的本质，就是研究产品与顾客需求的关系。谁研究得更深入，谁与顾客贴得更近，谁就能更好地把握顾客新的消费习惯，谁的生意就能做得更好。

产品和服务是企业发展的两翼

“产品和服务是企业发展的两翼”这一点，无论是在传统经济时代，还是互联网经济时代，都是如此，只不过互联网时代对商家提出了更高的要求，因为顾客的需求更加多元化和个性化了。

企业家要有研究态度

我赶上了一个好时代。

关于创业，雷军有句名言，“成功靠勤奋是远远不够的，需要找到能让你飞起来的台风口。”所谓“台风口”，就是要跟上时代的趋势，在对的时间点做对的事情。

如果说互联网手机是雷军创业成功的“台风口”，那么消费者对高品质零食持续高速增长的需求，则是让良品铺子飞起来的“台风口”。

随着人均收入的增长，必然伴随着人们对消费升级的渴望。人们对吃的要求在提升，对食品的品质尤为看重，哪怕是吃零食。我给自己的食品店取名“良品铺子”，就是基于这样的认识。可以说，良品铺子能发展起来，就是抓住了消费者需求升级的机遇。

卖零食，并不是我的首创。创业初期，一个新生的零食小店，该如何去跟包括家乐福、沃尔玛在内的大小商超抢市场？我充分调研和研究后发现，人们购买零售主要源于四个方面的需求，一是源于理性，这是对食物的基本需求；二是源于感性，会基于营养考虑食物搭配；三是场景需求，如人们通常都喜欢在旅途中带食物；四是社交需求，带着零食看望朋友是个不错的选择。

无论是哪一种需求，人们往往希望商家能提供“多、快、好、省、美”的服务，于是一种以小包装、精选装、个性装为特色的零食在良品铺子亮相后，因挑选更便捷、食用更方便备受市场青睐。

可以说，这种研究人和产品的习惯，一直保持在我管理良品铺子的过程中。我在多个场合强调过，我们做的不是买卖，而是在研究人的需求。多年来，我一直在反问自己：“为什么消费者一定要选择你？”用这种方式“逼”着自己不停地思考顾客究竟想要什么？

企业家要有服务心态

良品铺子从2006年在武汉开了第一家门店到现在，全国已有1700多家门店，拥有员工7000余人，2014年的销售收入在25亿元，2015年的销售收入达45亿元。

我们之所以能够在众多零食品牌中赢得消费者的认可，在很大程度上是因为我们一直在扮演中间服务商的角色，一边是服务消费者，一边是生产工厂。

在零食这个单一品类中进行垂直拓展，关键是定位目标客户，细分消费者，思考为谁服务。注重品质的人群就是我们的核心消费群。有了定位，我们就按图索骥，以“多、快、好、省、美”的服务宗旨去选择卖什么和怎么卖。

如果说，产品是发动机，那么新技术实现新的服务转变就是企业发展的加速器。2013年的时候，良品铺子已经完成了电商化的布局，将产品放在天猫、京东商城、一号店等网上商城销售。移动互联网兴起，我们也开展了社区化O2O的布局。

借助线下门店的地理位置优势，为线上提供快捷配送服务，让消费者享受更便捷的物流体验；同时，我们还建立了“全渠道、全过程、全节点”的客户关系管理体系，以客户为中心，记录客户的所有数据，研究分析客户的需求、习惯和心理。

另一头是生产工厂。而连接这两头的是良品铺子的组织管理。组织管理的核心是良品铺子的企业文化和服务思想。良品铺子“品质、快乐、家”的企业文化受到供应商们的认同，良品铺子“服务至上，独立自主，开放整合，互动互强”的服务思想受到消费者的认可。

我们希望把这1700多家门店各自打造成一个个“小而美”的组织，各有特色，各自运营，以此来盘活公司整体的活力和创造力。

颠覆传统零售模式

良品铺子自2006年在武汉开第一家店，到如今，9年间发展到1700多家店，良品铺子能发展起来，并不是简单地野蛮生长，而是有迹可循。首先是抓住了消费者需求升级的机遇。零食成为必需品，人们吃零食的时间变多，也更注重健康与营养，更追求品质与享受。其次，良品铺子一直贯彻着品质第一的理念，所以“良品铺子选对了品类，走对了路”。最后，良品铺子的经营管理是遵循科学规律的，是理性的。比如，注重产品标准建设；注重质量管理体系建设；注重信息化平台建设；做好零售基础管理与服务；不断优化企业内部管理流程；不断引进人才提升管理水平等等。

作为一家食品销售企业，良品铺子参与到了食品的生产环节，称作“全程品质管理的产业链模式”，良品铺子非常重视以下几个方面：首先，注重产品标准的建设：良品铺子会参与到从原料采购到成品销售的每一个环节中去。食品行业内，顾客非常关注安全和口感两个关键方面。为了解决好这两个方面，良品铺子首先从食品的源头着手。

在传统零售模式中，通常是由各个食品厂家直接供应产品，然后在各个商场和超市等终端销售，生产与销售是两个单独的环节。良品铺子决定颠覆这种模式，将终端零售与生产连为一体。

举个例子，每年9～10月，新疆迎来丰收时节，红枣、核桃、瓜子、葡萄等作物都进入了采摘期。原料采购商们从全国各地飞到新疆，开始了一年最激烈的原料抢购大战。这时候，良品铺子各个品类的采购员和供应商都会去提前“抢”货，避免购入“二道货”，抢“鲜货”，是良品铺子确保产品品质的第一步。

对良品铺子而言，原料的把控压力与采购压力并没有全部都放在供应商身上。采购员们几乎每年都会在收获期到达田间地头，现场考察产品品质。而为了确保在收获期内，将一年的产品都储存充足，良品铺子会和供应商一起出资囤原料。

与厂家一起生产成品，是关键环节。为此，良品铺子不仅参与到厂家生产标准的制定环节，更与厂家一起不断提升工艺，在尝试中寻求转化的灵感。以灰枣为例，良品铺子的原料等级都比国标高一级，个头会比1级枣更大。而要满足此条件，相当于每棵树只有20%的枣可用，且枣的水分含量要控制在18%～25%之间，确保口感最适宜。

又比如葡萄干。在制作过程中，当地人通常会将葡萄放在戈壁滩上自然晾干，这种做法容易混进沙土。一些商家并不会对其中的沙土进行处理，因为若用水清洗，一来会影响甜度，二来容易变质腐烂，是件吃力不讨好的事。良品铺子经过三年研发，发现用20℃～25℃水清洗最适宜，因为水温高了糖分会流失，水温低了又冲不掉沙子。还设计出特殊的漏斗式清洗槽，保证在清洗过程中，让细沙与葡萄干分离，再经快速烘干杀菌，从而让葡萄干既没有了细沙，又保持了原有口味。

良品铺子还注重质量管理体系建设。所有的食品，除了要通过厂家和国家有关检测外，到良品铺子这步还需要经过严格检测，合格了才能上市销售。在良品铺子，每一批到货的产品都必须先进行感官检验，项目包括净含量、生产日期、标签、色泽、滋味、气味、异物等。所有抽检产品在经过感官检验合格后，再由检验中心进行理化检验。

良品铺子的检测中心已通过CNAS认证，是全国休闲食品行业第一家通过国家实验室认可的企业。而在这个国家级的检验中心，要进行上柜前的最后一道检查工序，也堪称最严格的一道工序。良品铺子的员工们都知道，良品铺子的质检部门，有对产品的一票否决权。

良品铺子的上述行为被称作全程品质管理的产业链模式，除了与厂家一起制定有关含糖量、含水量、酸度、饱满度等标准外，还自己制定质检标准。良品铺子的售卖模式也很有特点，用八个字可以概括："以销定产，自动补货。"良品铺子的售卖模式不同于传统零售商，这是由良品铺子介入全产业链生产这种模式决定的。

传统零售模式，是由厂家先生产，然后送到商场或超市销售。商家卖了多少，厂家再补多少货。良品铺子则颠覆了这种模式。

良品铺子采取的是一体化供应链体系。货卖掉之后，电脑系统会自动生成补单，参考店面规模、地理位置、销售速度等因素订单会自动平衡。既可保证1700多家店不会出现断货，又不至于出现存货积压现象。这种模式除了可以从容补货之外，还能缩短库存时间，让零食更新鲜。

创新来自内外结合

除了颠覆了外部食品生产和销售模式外，良品铺子在快速增长的过程中，还有这些方面的创新举措：

一是大力发展信息化平台建设。良品铺子是一家专门做零食的行业，这个行业其实是三个行业的混搭：食品+零售+服务行业，因此对信息系统的要求非常高。2015年年初，良品铺子与IBM合作，独家定制全渠道信息平台SAP系统，到2015年8月1日，该项目一期部分，即良品铺子全渠道信息电商平台项目成功上线，将消费端、中间服务端、生产端的大数据打通。

二是做好零售基础管理与服务。

三是不断优化企业内部管理流程，不断引进人才提升管理水平。2015年10月，良品铺子正式启动“流程建设与内控”项目，用可复制化的高效流程优化企业管理。良品铺子的扩张路线是以湖北为核心向华中、西南、华南市场扩张。采用一体化的信息管理系统，是良品铺子能管理好1700多家店的秘诀。

良品铺子在门店发展到600家后，开放加盟市场。而对加盟店的管理，采取的是“全托管式”经营模式：加盟商只需提供门店、缴纳一定的加盟费和首次进货的货款，门店的一切运营活动，从装修到人员招聘和管理、促销活动、商品定价及配送等，全部由良品铺子总公司负责，这种方式能对所有店铺进行有效管理，降低市场风险。

虽然每一家店的日常运营由总公司负责，但每家店拥有一定的自主权。比如根据店铺规模、位置、周边人群特征等不同因素，店铺可灵活搭配商品。事实上，良品铺子的信息系统也会给每家店定制品类清单，根据实际销量在后台进行大数据分析，从而为店铺提出产品建议。

传统行业互联网速度

有媒体问我，从传统的零售门店，到拓展电商渠道，良品铺子的内在逻辑是怎样的？如何打通线上和线下？

其实，传统企业在“互联网+”时代，要与时代接轨，不断进行创新变革。良品铺子在平台电商崛起之时，果断开辟电商业务。可以说，在“互联网+”的大潮中，良品铺子在传统行业做出了互联网的速度，得益于以下两点。

首先是专注产品，做好品牌。消费者主权的时代已经来临，不断满足消费者的需求才是做好品牌的必胜法宝。良品铺子针对“互联网+”，进行了自媒体产品的探索。比如在2015年打造了“会说话的星空棒棒糖”和“来往”饼等自媒体产品，给线上线下的粉丝营造出极致体验感。不断开发新款、创新及持续具吸引力的产品，并且让消费者和粉丝参与产品打造，才能满足消费者不断变化的零食需求痛点。

其次是全渠道零售模式。现在，良品铺子正在让线上、线下实现高度融合，全面打通37个线上渠道，线下1700多家实体门店，本地生活平台、社交电商等全渠道。每一个渠道都是良品铺子与消费者连通的触点，让顾客可随时、随地、随意地享受良品铺子的产品和服务。而通过广泛的线上及线下渠道，增加消费者对产品的选择，从而有效地提升品牌影响力。

我对竞争的理解是，狭义的竞争是争夺，广义的竞争是合作，真正的对手是自己，有效法则是创新。我们与其他品牌之间，并不是简单的对抗和博弈，谁对消费者的服务更贴心，能更快满足消费者的需求，谁就会站在制胜点。

竞争的结果，并不是你发展得好，而别人不好。企业只是赚一部分人的钱，不要想赚所有人的钱，企业要选择自己的目标市场和目标顾客。

良品铺子的定位就是做高品质、放心的零食，做精致、有品的零食。所以，一直将产品品质放在第一位，其他因素放在后面，所以我们不会同竞争对手打价格战，因为我们服务的顾客不是要便宜，而是要高品质。我们也不相信“性价比”这个价值观，我们相信食品行业一定是品质至上，为挑剔的吃货服务。

对良品铺子而言，竞争的核心，就是将实实在在的小事做好，也就是时刻将做好产品放在核心位置。商业的本质就是要回归产品和服务本身，从各个细节入手去做产品，包括原料、辅料、配方、工艺等各方面，从而做出味道好，有营养价值又新鲜的产品。

良品铺子门店货品产销周期由27天组成，产品周转速度远远快于同行业。未来，我们会继续坚持标准，做好全程质量管控体系，让良品铺子的供应链更敏捷与高效，保证产品的新鲜与高效的周转。

未来，食品行业的发展方向可以从几个方面来看：产品及时鲜食化、品质精致化、用户方案化。产品会更加要求品质化、精致化、新鲜化和营养化，无论是产品的原料、辅料、配方和工艺都要更好，而加工方面则是要少破坏、少损失、少添加、少流失。

渠道发展方向是朝全渠道布局。

品牌发展方向是实现价值聚焦、互联网传播、趣味性表达。

企业经营方向是实现产品升级；聚焦专业、产业链协同；管理精细、运作高效。

刘若鹏

科技将开启新次元

刘若鹏　现为深圳光启高等理工研究院创始人、院长、首席科学家；国家高技术研究发展计划（863 计划）新材料技术领域主题专家组专家；享受国务院特殊津贴专家；超材料电磁调制技术国家重点实验室主任；广东省超材料微波射频重点实验室主任，被称为“深圳新生代科技专家”。2009 年，刘若鹏率领团队成功研制出“隐形衣”，可引导微波“转向”，防止物体被发现。

我是一个创新者，这点从未改变。现在的很多创造围绕赚钱展开，而未来的创造，应该建立在全球创新共同体的大局中，从交通方式、通讯方式、生活、旅游等方面进行更多的颠覆式创新。在全球创新共同体里，新兴产业将生产新的产品、生产未来，创造我们在全球创新共同体里的生活所需要的一切。

在这个全球创新共同体里，有三大重要趋势，第一趋势是深度空间，第二趋势是机器自觉，第三趋势是终极互联。我们现在所讲的未来探索，大部分还属于第一趋势即深度空间的阶段，一言概之就是把一切都搬到空间，在多维空间中重构世界。

我只想未来的产品

之前，光启制造了一个在城市高空的主控平台，叫“云端号”。现在，“云端号”已经能成功在我们城市的上空飞翔，在未来，“云端号”将为我们的安防、监控、互联网做更多的工作。比如现在主控平台已经可提供三种服务。一是重量，可把几百公斤的物体放到高空；二是电力，可通过高压电将地面的电力源源不断地传输到云端；三是光纤，使用一种非常特殊的材料跟地面进行网络连接。这样创新的好处是，我们不需要再在地面上做大量的技术设备去解决一些其实很小的物联网工作。

除了云端号，光启在未来的深度空间领域的突破，其实还有很多。如光启生产的飞行包“旅行者号”。“旅行者号”是一个可以飞到大气层表面边缘的飞行装备，应用磁力系统等复杂设置体系，目的是到达飞机等设备难以到达、却又有开发需求的区域。

我们的“旅行者号”获得了在离地空间、宇宙界面上探索的机会，成功完成了第一步。现在我们正在规划“旅行者二号”和“三号”，“旅行者二号”是一个能在太空旅游的装备，并且是不用穿着太空服就可以自由行动的装备。

第三个案例是我们把“卡车”搬到了空间。“卡车”，其主要运输装备就是卡车的集装箱，将完成高空物件运输的任务。目前，我们现在所有正使用的交通设备不仅对交通工具本身有高要求，同时也对落于地面的基础交通设备有很高的要求，如飞机需要修建大型机场，高铁需要大量的轨道铺设等。

但未来，我们的“卡车”将实现高空运输而省却基础设备的建设成本。首先是电力支持上，“卡车”的大部分能源可以直接通过太阳能、电力进行补充；其次是“卡车”的载重大小可供选择；最后是其地面承接设备也较为简单，只需要一个足球场的地面面积就可以完成起飞、降落等工作，也可以在草地、水面、戈壁这种地方操作。

互联将成终极互联

我们不放弃探索，才有了各种科技创新，如无人机、航空飞行包。未来，当我们在空间停留时间上有所突破，稳定性得到提高后，不仅能把智慧城市、云平台、交通运输甚至太空旅游搬到空间上，同时还能完成互联的工作。

我们曾在深圳做一个飞行包的试飞活动，不仅是实现了普通人变钢铁侠的科幻梦想，以后还能开发出更多实际的用途。比如可自主飞行的飞行包，可助力完成救灾和救援的任务，甚至成为主力，自动主动地实现救援。在深圳泥石流地区，我们用飞行包去探索定位，从掩埋的建筑物里找到了生还者。

可以看到，慢慢地，我们已经在第二阶段机器自觉上了。事实上，我们传统所用的装备是一个被动的存在，当装备越复杂，费用就越高昂。所以，我们可以做一点事，让装备从复杂的被动力量，变成主动地提供服务的人类伙伴。比如，光启设计的动力外骨骼的装备。这个装备可以感知人的行动意图，并为人提供相应的辅助。如当人输出了20公斤的力时，它将发出40公斤的力，助力主人的意图。如当人拿起银行卡时，卡可以自动判断拿卡人是不是自己的主人，如果确认是主人就可以使用卡片，如果不是主人，卡就会自动报废。

第三阶段是终极连接。所谓终极连接就是我们用信息流、物流、能量流等连接地球的每一个角落，让全世界真正实现共同进步。当然，这种连接将通过科技的技术降低成本，并且在偏远的人群稀疏地区，在高人流高密度的情况下进行。当然，这一步还需要更多的工作。

从好莱坞找灵感

以前，我们认为“天圆地方”，后来互联网的发展让我们觉得“世界都是平的”，并且在扁平这一基本概念上我们创造了新的生活方式。现在，我们应该看到，未来的世界不断地变得立体，人类，也将开始拓展深度空间领域的未来。

站在这个节骨眼上，我们总结过去，展望未来的时候，是时候站在科技的角度，全人类的高度，未来的视角上，进行未来产业的畅想。或许，可以从好莱坞找到灵感。

比如建立空间悬浮站。我们设想，在这个空间悬浮站里，我们可以把一切东西搬到空间，把指纹搬到空间，做成一束指纹启动的光束，完成很多现在不敢想的工作。而当有朝一日，我们在月球上建立人类基地时，人类可以通过一束光把月球上的门打开。

人类世界在深度空间、机器自觉、终极互联的三个阶段完成后，就走到了终极互联的未来时代。在这个时代，赚钱不再是创新的目的。除了一些在我们熟知领域进行的深度挖掘，还将会在更多未知领域进行开拓、创新，包括拯救生命、消除贫困、改变封锁等。而未来的市场也将由此展开，未来的产业也将由此构建。届时，更多的新兴产业又将诞生，创新又将开启新次元。

李书福

草根创业永远是一种新经济力量

李书福　1986 年白手起家，创办吉利。现资产总值超过千亿元，连续四年进入世界 500 强，连续十二年进入中国企业 500 强，连续九年进入中国汽车行业十强。还投资 8 亿多元创建全国最大的民办大学——北京吉利大学。2010 年 3 月，在瑞典的斯德哥尔摩，吉利汽车以 18 亿美元的价格收购瑞典汽车企业沃尔沃轿车 100% 的股权。截至 2015 年年底，吉利汽车累计社会保有量超过 400 万辆。

30年前，伴随着中国的改革开放和现代化建设的历史机遇，我开始创业，一路走来。中国重大历史机遇，给了像我这样的一些农村青年参与经济建设的机会，也给了我们参与市场竞争的机会，今天的吉利，已经成为入选世界500强的中国民营汽车企业。现在，国家提出了“大众创业、万众创新”，犹如一股春风在全国各地拂面吹来，又给我们带来新的机会。

但青年人创业并非易事，不是说想创业就一定能成功。如果说，对青年创业者有什么建议的话，我想说以下三点。

要感知大势，找感兴趣的事

创业首先要研究变化，并在变化中发现商机，在研究变化的过程中寻找机会。中欧国际工商学院院长佩德罗·雷诺（Pedro Nueno）先生说得好，“机会只有在没有人发现的时候才算是真正的机会。”并且只属于那些能够提前感知大势的人，我自己的创业过程也是受益于此。

2010年，吉利收购沃尔沃，大家都很吃惊，但坦白说，这个想法在我造汽车第四年的时候就想过了。我的想法就是对全球经济政治变化的判断。中国的人口和那时候展现的经济竞争力，都会使欧美国家受到冲击，像美国的那些汽车公司都是挡不住的，这是我的基本判断，也是我一直在等候的机会。最后吉利收购成功了，很多人说我们很有韧劲，然而这种“韧劲”的动力确是来自于对“势”的观察与判断。

我们创业的目标并不是创造财富，而是要把事情做成。这些事，就是你自己真正感兴趣的、喜欢的、乐意一辈子为之奋斗的东西。追求理想是创业的原动力，而面对现实则是创业的出发点。有了理想的追求，才有创业的冲动，但冲动不是凭空瞎想，只能脚踏实地，从实际出发。如果当初我像许多人一样，安于现状，甘于平庸，不敢有改变命运的“非分之想”，也就不会有今天的吉利；如果不切实际地好高骛远，胡思乱想，创业也是不可能成功的。

选择创业路，就要无怨无悔

过去这么多年的实践，经验也好，教训也好，告诉我们要想实现成功的创业，这个过程一定要做好经历磨难的心理准备，也要做好剥几层皮的心理准备。我从30年前开始创业开始，这一路走来确实非常艰辛，每一次转折、每一次成功或失败都给我留下了非常深刻的印象。无论是面对失败还是面对成功，要想继续朝前走，解决问题的基本方法、基本出路就是要创新。既然你选择了这条路，就要无怨无悔地坚持下去，不管是成功还是失败，都必须默默地承受下来，这样不断坚持，持之以恒，一定会感动天、感动地，最后感动你自己。

心态要正，不因草根而自卑

年轻人创业的时候心态要摆正，不能说带着歪门邪道的理念去寻求创业的成功，这样的成功率就会比较低，即使偶尔成功了可能也是暂时的，最终还是会失败。大家知道，现在社会上各种骗子很多，打着创业的旗号搞诈骗，你骗我、我骗你，最后骗来骗去连自己都被骗了。

草根不是坏事情，这是一种美德，草根背景是一个很光荣的事情。如果我本来就是草根，你要我变成大树这个要求太高了。作为草根，无论事情最终干没干成，心理压力都不会很大。如果你本身就是一棵大树，却干成了草根，那你就坏事了。所以草根并没有什么不好的。如果草根不断扎根发芽不断成长，在这个世界有一定的收获，这就是一种成功。整个中国的改革开放到今天，真正在经济领域有所作为的，大部分都是草根，我们是靠草根来推进了整个中国的改革开放和现代化建设。草根的力量其实是很强大的，我们应该为此感到自豪和自信。

现在这个时代是创业创新最美好的时代，也是青年创业者们施展拳脚、实现抱负最美好的时代。佩德罗·雷诺（Pedro Nueno）先生在其《初创者：致青年创业者的信》书中给出了很多切实可行的建议，这也是雷诺先生在创业学教授过程中多年经验的总结，值得每一位想要创业和正走在创业道路上的青年朋友们仔细阅读，相信会给你们带来一些有益的帮助和思考。

我衷心地祝愿年轻人都能够在这么美好的时代里，在创新创业的道路上不断地取得成功，拥有广阔的未来，实现自己心中的梦想！

杨元庆

经济和分享从来都分不开

杨元庆　1989年加入联想，是公司首次公开招聘的大学毕业生之一。最初三年，杨元庆从基层销售做起，为其之后的崛起打下了基础。2001年开始成为联想集团总裁兼CEO，领导公司成功进行了Lenovo品牌的塑造。其后又领导公司收购IBM低端服务器部门和谷歌摩托罗拉移动手机业务的交易。在过往几年的高歌猛进后，近一年来在公司业务进入缓速通道之际，其依然坚信公司的战略选择和未来的可期。

今天,“共享”这个词语随处可见,让人产生了随便免费用朋友车、随便到朋友家免费吃饭这种错觉。事实上,共享的英文词语为share,我个人认为翻译成“分享”会更加合适。分享,自古就有,但在现代重新被看重是因为它后面联系着经济。而这,恰好也能让我们看到本质——经济是要有花费的,而不是免费。

建立分享的大平台

在经济发展的过程中,分享扮演了非常重要的角色。最原始的农耕时代就是从分享开始的。而商业是在生产的东西多到可以跟人交换了才进一步出现的。从马车、汽车,再到火车、飞机,再到现在全世界的货品,都逐渐变得可以分享。

所以,经济跟分享是从来都分不开的。只是随着IT技术的进步,电脑诞生,互联网技术越发成熟,因此分享的方式变得越来越多、越来越方便而已。而分享变得越方便,反过来助长了经济不断上升台阶。今天我们的分享技术跟IT技术发展密不可分,可以说,如果没有IT技术的蓬勃发展,共享经济也难以实现今天的大发展。

如何利用好分享经济的大红利市场,如何做好分享经济,成为了现代人必须思考的问题。联想也是如此。过去,我们给电脑用户进行维修服务,需要建立很多的维修站,雇佣很多的第三方,成本投入较大。现在,我们更多地考虑用分享平台给用户提供更加周到而有效果的服务。不需要建立维修站，工程师们在家里登录服务的平台，获知用户需求的服务内容后，就可以马上提供上门服务。这种做法一箭三雕，既可以深度维护客户，也可以加强我们与工程师的联系，同时还可以节省建立维修站的成本。

当然，这是利用IT技术实现分享的一种方式，我们还可以做得更多。未来，联想会从这些方面去建立一个分享的大平台。比如说，建立以用户为中心的公司，实现设备和云的深度整合，加强联想在设备创新、设备+云的连接，以及云基础设施方面的三大支柱的发展力度。

破边界先看清边界

对于联想在手机业务上此前遭遇的不顺，很多人认为是因为联想太传统造成的。其实，联想手机在中国运营商市场的占比从50%掉到30%，这是与运营商减少定制机补贴有关系。

同时，传统也并不可怕，因为事物都是以螺旋式上升的，传统在一定角度上表现的是核心竞争力。联想做智能手机的信心从来没有动摇过，做智能手机的战略从来没有改变过。我很同意现在倡导的打破边界，因为打破边界之后才能有所创新。但是，一个企业并不是什么事情都能做的。如果一个企业试图软硬通吃、上下游通吃的话，这个企业到最后是非常危险的。因为它并没有把自己的边界看清楚，甚至丧失了核心竞争力。这就是像，我们不会去跟百度做搜索引擎，跟腾讯做社交，跟乐视做内容一样，我们专业做设备就仍然坚定做设备。这也是联想在垂直领域做得比较成功的原因之一。说到底，它并非是一个应用或一个内容做到了第一，而是一种叠加。所以，在这些方面，企业之间的融合与配合就显得格外重要，而这些融合就可以深层叠加。

遇挫是发展的常态

过去，我最骄傲的有三件事。一是PC业务从无到有、到成为世界第一，二是让联想成为全球化国际化的公司，三是对IBM个人电脑并购整合非常成功，把过去两三亿美元的业务做到一年可以盈利10亿美元。

联想今天收入的70%在海外，30%在国内，员工情况恰好相反，是70%在国内，30%在国外。这说明联想是中国企业走出去的先锋，也走得比较好。我们的生产制造开发在国内，因此产品可以说是中国创造和中国制造，但我们赚了外国人的钱。目前，联想手机在国外市场，特别是新兴市场，如巴西、印度、印尼、俄罗斯排名都较为靠前。这是因为联想的业务布置而决定的，这种布局让联想在全球化的营运方面比较顺。

这也一定程度上推进了联想海外市场上大规模并购整合的经验累积。在收购这一商务运作里，碰到效益不及预期的时候也不会很遗憾，因为这并不能说收购就是错误的。企业要做下去，就会遇到挫折和风险，这些都是需要考虑的。而这些如大规模采购、全球化营销、营销渠道铺设等的事情，有时候就并不适合小企业去做。

总而言之，在国际化这个方面，大企业与小企业、传统企业与新兴企业需要良好的配合，并不一定是合并，而是在各司其职的基础上，把自己的企业优势和竞争力发展得更好。这种配合，在一定程度上也是分享经济，或者是分享经济带来的广阔发展方向。

附　文

桥水基金：复制达里奥

“多重影分身”对于动漫迷来说并不陌生，它是《火影忍者》的主角漩涡鸣人常用的一招忍术，能够瞬间复制多个本体，并合力攻击对手。作为全球最大的对冲基金创始人、美国亿万富翁雷·达里奥（Ray Dalio）就有这种神奇的“分身术”。

达里奥通过桥水基金实现了从草根到国际基金大鳄的华丽蜕变，同时还将自身的投资哲学“复制”给公司全员，共同开创了业界多种影响深远的创新投资策略，如货币管理外包、分离Alpha和Beta策略、绝对收益产品以及风险平价等。

桥水基金的一举一动都会牵动全球金融界的神经。2016年5月中旬，桥水基金在中国上海注册分公司，引来媒体轰动。作为iShares MSCI新兴市场ETF最大的机构投资者，桥水中国的设立，被人们当作中国A股纳入MSCI的预兆。事与愿违，两者并未“牵手”，但桥水基金的霸气已然展露。

桥水基金成立于1975年，主要服务于机构投资者，其客户包括养老基金、捐赠基金、国外的政府（包括中国）以及中央银行等。现在，它有超过270家机构客户，一半在美国，一半在海外。

据伦敦LCH投资公司的统计数据显示，桥水基金旗下“纯阿尔法基金”，从1975年至2015年末累计赚取了450亿美元，超越索罗斯的量子基金，成为绝对规模上为投资者赚钱最多的基金。

桥水公司最开始只是一家为客户提供投资咨询与资金管理的小公司，在残酷的金融界经历近半个世纪的风霜雪雨而屹立不倒，反而成长为“没有朋友的”的金融大鳄，其中的秘诀，必须从其创始人雷·达里奥身上开始挖掘。

从草根到金融大鳄

与桥水公司同样知名的，还有达里奥所写的内部员工手册——上百页的《行为原则》，其中详细罗列了桥水公司的管理思想、哲学以及具体行事准则，无疑这就是世人竞相追逐的“投资秘笈”。此外，其中还包括公司创始人的成长经历。

达里奥是一个很普通的孩子，并且是一个学习中下的学生。“我想做的一件事就是花钱，所以我从卖报、割草、扫雪、在饭店洗盘子到我12岁时做了球童。”

在20世纪60年代，美国股市繁荣。当球童的达里奥第一次用“积蓄”买了唯一一只每股交易价低于5美元的东北航空股票，后因公司破产被收购后，股价涨了三倍。达里奥尝到了投资的甜头，但过了不多久就在市场上输钱了。渐渐地，他意识到判断操作正确有多难，并且错误的成本也难估量。因此，他“试图打败市场，并弄明白如何去做”。

四年后，达里奥进入附近的长岛大学读书的时候，他手上的股票投资组合已价值几十万美元。

在大学时代，达里奥从中下生升级为优等生，因为“我可以学到自己感兴趣的事，因为喜欢，并不是不得不做”。在这段时间里，达里奥研究并开始交易当时十分冷门的商品期货，其原因是期货交易的保证金较低，可以挣更多钱。当时受甲壳虫乐队的影响，达里奥学会了冥想，能让思考更加清晰和更有创造性，“我的成功得益于此。”

1971年，达里奥在长岛大学毕业后，进入哈佛商学院读书。去哈佛前的那个暑假，他在纽约证券交易所实习。一天他正在公寓观看尼克松讲话，开始尝试解读其影响。“纸币的价值来源于黄金的背书，但现在美国政府将不再遵守这个承诺了。”因此他预期会看见股市大跌。但事实是，第二天的道琼斯平均指数却上涨了接近4%，金价也大涨，史称“尼克松大涨”，随后布雷顿森林体系瓦解，以美元为中心的世界货币体系崩溃。达里奥很快认识到，他不能相信自己的经验。所以，他开始研究美元贬值和之后的市场大涨背后的因果联系。他发现，货币贬值已经在很多国家发生过，布雷顿森林协议的破灭只是其中一件，虽然各国经济环境不同，但对经济的影响都是相同的。

他表示：“对我来说，这是上了一课。我开发了一套可操作的能预判市场经济的方法。我尝试不要让我的经验主导我的思维方式；我能超越我的经验来分析经济机器是怎么运作的。”达里奥认识到，他可以通过把经济和市场分拆成不同的成分，研究这些成分在不同时间的不同关系，进而理解经济机器。这种思维方式是全天候交易策略的核心。

商学院第一学年结束后，他成功说服了美林大宗商品部的董事给了他助理的实习工作。不过，大宗商品交易在当时依然处于无人问津的地位。

1972，由于之前全球货币体系的崩溃，通胀急升，大宗商品价格疯涨，直接引发了1973年美国的石油危机。美联储不得不采取紧缩的货币政策来遏制通胀，结果，股票市场大衰退，相反，大宗商品期货交易则迎来了它的黄金时期，相关领域的人才供不应求。

从哈佛商学院毕业后，达里奥加入了Dominick & Dominick当上了公司大宗商品部的主管，可惜，未过一年，因股市市场的不景气拖累整个公司陷入了困境。1974年，他跳槽加入了另一家证券经纪公司Shearson Hayden Stone，还是在他最喜欢的大宗商品期货部门任职，给养牛的农场主和谷物制造商们提供风险对冲的建议。1974年新年前夜，达里奥跟部门老板出去喝酒，发生争执，结果把他老板揍了一顿。同一年，在加州食物谷物生产者协会的年会上，有传闻说他请来了脱衣舞演员当众表演。结果，他被炒了鱿鱼。

1975年，年仅26岁的雷·达里奥在纽约的公寓里成立了桥水公司。当时，他积极地在大宗商品、货币和信用市场进行交易。达里奥开始的业务是给企业客户提供风险咨询服务，同时也提供每天的市场走势评论，名为“Bridgewater每天市场观察”。其竞争的优势在于创新和高质量的分析。

麦乐鸡触发灵感

达里奥的客户包括麦当劳和一家全球最大的鸡肉生产企业。当时麦当劳正准备推出麦乐鸡这个新产品，所以非常担心鸡肉的价格会上涨，这将迫使麦当劳在提高零售价格或缩减利润率之间做出艰难的选择。麦当劳希望对冲鸡肉价格上涨的风险，但当时并没有活跃的鸡肉期货市场。鸡肉生产企业也不会同意以固定价格出售产品的，因为它们也担心生产成本上涨，定价的供货合约可能会造成损失。

经过一番思考，达里奥给最大的鸡肉生产企业出了一个主意。鸡肉的价格莫过于由小鸡价格（这是很廉价的）、玉米和豆粕价格组成。玉米和豆粕价格是鸡肉生产成本波动的主要影响因素。于是，达里奥建议把玉米和豆粕合成一个合成期货（对冲策略），这样就能有效地对冲鸡肉生产企业对价格波动的风险，进而就能给麦当劳提供一个固定的供货价格。最终，这家鸡肉生产企业完成了这笔交易，而麦当劳也顺利地在1983年推出了麦乐鸡。

麦乐鸡触发了达里奥的投资灵感，他认为，债券的价格也可以分拆成实际收益率和通胀因素。企业债券收益率又可以分拆成市场名义收益率加上信贷利差。如果资产可以分拆成不同的成分，那么再把这些成分重新组合起来，也能看作是一个投资组合。

为了更好地理解负债管理，达里奥和其他同事会为企业量身定做一份“风险管理计划”：（1）为企业确定风险中性立场；（2）设计一个对冲计划，实现风险中性；（3）企业通过聘请桥水公司，并基于这些中性头寸表现给予桥水报酬，来主动管理这些对冲头寸。久而久之，桥水公司已经管理着价值7亿美元的企业负债。

1987年，桥水公司开始转向资产管理业务。那时，世界银行的养老基金已经一直跟踪桥水公司的研究成果。基于这些研究成果和桥水公司多年负债管理的记录，他们托桥水公司开设了一个500万美元的债券账户。根据十多年管理负债的经验，桥水公司用相同的方法开始构建投资组合，并取得良好收益。随后，其他养老基金也开始利用桥水的服务。

在桥水的客户中，Rusty是一家大型美国日用消费品本地制造商旗下养老基金的首席投资官。他认为政府债券的回报太低，而且会占据大量的资金，不应该纳入投资组合。但同时，他也很担心会受到通缩型经济衰退风险（经济大萧条）的威胁。所以他咨询了达里奥。

达里奥认为，资产配置的目标并不是依赖于预测什么时候会出现通缩，而应该是寻找一个平衡的方案。在出现通缩式经济衰退的时候，债券的表现是最好的。经济强劲增长的时候，股票的表现是最好的。而当货币出现紧缩的时候，现金是最有吸引力的。为了对冲这个风险，应该利用长久期债券对冲风险，而且债券的风险应该与股票的风险相当。“长久期债券，或等价的期货产品，将令投资组合在经济增长的惊喜前找到平衡，同时不会放弃回报。”

此后，桥水公司就开始管理该客户的债券投资组合。

达里奥进一步发展了这套投资理念，提出四宫格理论，尝试绘制出投资者在过去和未来可能面对的一系列经济环境（相对于预期的高通胀、低通胀、高增长、低增长）。为了实现平衡，给每个情景分配相同的风险。这个四宫格把全天候交易策略的关键原理都绑在一起了，成为了全天候交易策略的一个模板。

上世纪70年代油价大涨，80年代通缩和2000年以后令人失望的经济增长，这都是与大家期望不同的经济环境改变。而达里奥的四宫格框架就能很好地捕捉这些经济环境变化。更重要的是，这个框架还能捕捉到未来未知的惊喜。

在桥水公司开始采用全天候交易策略以后，已经出现了很多经济运行的惊喜。很多惊喜是这个交易策略之前从未碰上的，但这个交易策略还是能很好地抵御了这些惊喜。达里奥的框架就是为各种惊喜而构建的，而并不是为任何具体的惊喜而构建的，这也是他一开始的努力方向。

率先将通胀联系债券纳入机构投资组合

桥水不仅是风险平价的先锋，也率先将通胀联系债券纳入机构投资组合。一次，一个美国基金会曾经咨询了桥水公司一个问题：怎么才能连续保持5%的实际回报？因为章程规定，基金会必须每年支出其资产规模5%的资金，所以为了保持基金会能永远运作，必须保持每年实现5%的实际回报。

这时，给客户的投资组合应该是一个能提供实际收益的投资组合。通胀联系债券，这种债券会支付实际收益率外加实际通胀率的回报，所以只要找到一只能支付5%实际回报的通胀联系债券，就能满足基金会5%的要求。然而问题是，美国那时候不存在这样的债券。这种通胀联系债券在英国、澳大利亚、加拿大和一些其他国家已经很流行。作为一个货币和债券投资经理，达里奥知道怎么以美元为基准对冲投资组合的汇率风险，消除掉汇率波动的影响。所以，他尝试构建一个全球的通胀联系债券投资组合，并以美元为基准对冲汇率风险，作为给这个美国基金会提供的投资解决方案。但是，当时全球的实际收益率只有约4%，所以需要对通胀联系债券增加一点杠杆才能达到基金会5%的要求。

达里奥由此意识到，通胀联系债券是高效但被严重忽视的资产类型。在通胀上升的经济环境中，通胀联系债券表现很好，但股票和普通政府债券都会表现不佳。结果，通胀联系债券填补了构建传统投资组合中，分散投资风险的缺口。后来，当美国财政部决定发行通胀联系债券时，相关官员就咨询了桥水公司对构建这类证券的意见。其在1997年提出的建议，决定了美国通胀保护证券（TIPS）今天的设计。

全面成型的全天候交易策略出现在1996年。当时，达里奥希望把所有托管资金放在一起，构建一个资产配置的组合，这个组合能在他离开以后仍能长期保持可靠。于是他总结和归纳了桥水公司发现的投资原理，把对冲麦乐鸡的风险、帮助Rusty平衡投资组合和管理通胀联系债券的经验，都放进了一个真实的投资组合里。所有的资产都放进了描绘所有可能出现的经济环境的四宫格框架中（四等分风险分配）。

通过研究，达里奥已经知道怎么在不同的经济环境归类资产类型。他们也知道在四宫格中的所有资产类型可能会同时上涨。这就是资本系统的运作模式。如果央行印钱，那么那些有好投资机会的人会把钱借走，用这些钱实现更高的收益。这些投资的证券主要有两种形式：股票（所有权）和债券（债权）。因为央行印钱，所以四宫格中的资产分类并不能完全抵消对方的风险；但这些资产的总回报长期总能高于现金利率的回报。全天候交易策略中对经济环境的头寸已经被相互抵消了，剩下能赚取的就是风险溢价。

对于新构建的全天候交易策略，达里奥形容为“就像发明了之前从未试飞过的飞机”。它看起来是对的，但能飞吗？达里奥开始用自己的资产“试飞”，不断重新平衡这个资产组合。

2000年的科网股泡沫爆破，再一次证明了“股票市场没什么是确定的事情”，达里奥的全天候交易策略理念慢慢开始被机构投资者接受。

据最近的调查显示，大部分机构投资者都了解全天候交易策略，25％的投资者正在他们的投资组合中使用，但这也说明了大部分投资者还没有使用这种新技术。

达里奥的多重影分身术

正如球童达里奥当时想“要打败市场，就要弄明白如何去做”一样，但即便有了卓越的全天候交易策略，也可能因个人判断失误而失败，因为没有人知道将来会发生什么。

在《行为原则》中，达里奥强调了这一观点：“让我相信这是正确选择并不容易。”“许多人不会为他们的观点付出代价（成本），但在市场上却不是这样。”“舆论通常是错误的，所以我必须成为一个独立的思考者。”“为了挣钱，尽可能在别人错误时，你必须是对的。”

达里奥在《行为原则》给出了对应答案，并称“这些是我一直以来学到的最重要的原则”：（1）为我自己喜欢的而工作，而不是为别人想让我干的而工作；（2）提出我能收集到最好的独立观点来实现我的目标；（3）通过挑战我能找到的最聪明的人来检验我的观点，所以我能发现错误在哪里；（4）警惕过度自信，处理好不知道不了解的事；（5）努力面对现实，体验所做决定的结果，反思我做的来改善现实和我所做的决定，从而提高我自己。

因此，达里奥就如要求自己一样，要求桥水公司的“极端透明性”：所有员工都可以当面指责对方，无论级别高低、年龄长幼，只要致力于探究真相、解决问题；在背后说人坏话被严格禁止，因为这种行为没有任何价值，只会破坏员工凝聚力；公司内部的会议和通话都被录音，室内甚至还装有录像机，用以记录和调查；各种商业决策，都要对员工开诚布公，以保证所有人都了解真实情况，从而做出准确判断……

达里奥正在被复制！这可能正是金融大鳄40年持续精进的秘诀。

百年西尔斯百货，十年衰亡路

一家有着将近百年历史的百货公司，花了近百年来缔造自己的百货王国，但是只用了10年就把这个王国彻底搞崩了。现在靠着发行新债务和出售商业地产续命度日，如果不能及时“止血”，这样的续命方式也维持不了几年。

说到百货，大家想到可能是梅西百货、诺德斯特龙、亚马逊，几乎没有人会想起西尔斯百货。但在10年前，西尔斯百货位列世界500强企业的第83名，拥有30多万名员工。自从1893年成立，将近一个世纪以来几乎是美国消费者的唯一选择。当时将近有四分之三的美国人会到西尔斯购物，西尔斯的销售额曾达到过美国GDP的1%。

然而从2005年开始，这家公司的业绩开始快速下滑，从2010年开始该公司正式进入衰退阶段，其股价也从将近200美元下跌到了今天的13美元，市值缩水了90%。

战略失误

西尔斯今天的衰败可以追回到2005年的一个战略失误和一个糟糕的决定。2005年西尔斯的销售出现了问题。主要是因为互联网的冲击，消费习惯的改变导致整个百货行业面临成本的攀升。在这种局面下，希尔西做了一个糟糕的决定和一个错误的战略。

这个错误的决定是任命没有任何零售行业经验的对冲基金经理爱

德华·兰伯特为公司CEO。这个糟糕的策略是大幅削减基层员工收入。

自2005年以后，西尔斯就开始了成本削减计划，削减成本本无可厚非，但是削减基层服务人员的工资是要命的。这项削减成本计划导致西尔斯服务人员的收入急剧减少，而且西尔斯一线员工的排班量和前一个月百货店整体收入相关，这也导致员工工时无法保证。

排班量和百货店收入相关原是为了提高员工的积极性，但这项政策很明显在员工身上形成了负反馈。销售下降，员工工资降低，员工抗议，工作极性下降，销售再下降，工资再降低。因此不少地区的西尔斯百货门前出现了员工抗议、罢工的情况。

接踵而至的就是服务问题。首先，服务人员不再微笑，这对于以体验为核心的行业来说，可以说是灭顶之灾。对这个行业来说，不微笑就是“甩脸色”，而在互联网的环境之下，不微笑的恶果就更会被无限放大了。不到5年，西尔斯就成为了美国服务最差的百货公司之一。

更严重的是员工的流失率越来越高，这对于美式百货店影响极大。再次招募新员工、培训新员工的成本暂且不提，主要的问题在于：离职员工会给企业带来巨大的收入损失。

美式百货店中，销售、服务人员通常都会和客户建立良好关系，一些甚至会成为客户的好朋友，他们了解客户的各种信息。他们成为客户在店内的代理人，一旦离开，客户的损失短期内是很难弥补的——信任的建立绝非一朝一夕可以完成。而且这极有可能把顾客“赶”到了竞争对手那里。所以一个优秀的服务人员、销售人员的离开，对企业的损失绝非是一个员工、一点培训成本那么简单。

最后，由于收入的不断萎缩，员工对管理层的很多做法开始抱怨连连，比如说管理层要求员工在店铺中通过iPad指引，协助客户的购买，但是大量员工表示这根本就是不必要的，而且由于培训的缺乏，很多员工对软件的掌握也不好，这导致他们根本无法有效地服务客户，iPad成了浪费时间的工具。这一切都和员工低落的士气分不开。我们只需要看看西尔斯百货每平方米的收益就可以知道。西尔斯每平方米的收益仅仅是沃尔玛的六分之一不到，一个百货店居然会被一个超市卖场完全压制，这简直就是不可思议的。

当然，西尔斯另一方面的问题在于其整体管理层的问题，这也是被美国各大主流媒体，包括《华尔街日报》、《福布斯》、《财富杂志》等最为诟病的一点：因为其首席执行官爱德华·兰伯特是一位做对冲基金起家的亿万富翁，他没有任何的零售业从业经历。

5年前，爱德华·兰伯特将整个西尔斯分拆为30个经营项目(Business Unit)，各项目部自负盈亏不说，还必须相互竞争以获取CEO的关注和“资金投入”，这使得各个项目部门自行其道，完全没有任何的沟通和协作。这根本就不是零售业的经营模式，更像一个对冲基金中的“产品投资组合”。尽管从基金的角度来说，每一个项目小组自负盈亏、实现利润最大化是没问题的，但是这更适合30个毫不相关的公司，而不是30个相互关联、相互依存的部门。现在的情况是，30个部门相互攻击、相互蚕食、相互争抢客源，已经势如水火。因此，西尔斯的衰败爱德华·兰伯特是负首要责任的。

价值陷阱

美股里有两位被大家公认为“小巴菲特”的投资者，一个是60岁的西斯卡拉曼，另一个是53岁的爱德华·兰伯特。西斯卡拉曼在业绩上最接近巴菲特，爱德华·兰伯特在经历上最接近巴菲特。

与沃尔玛采取的租用经营场地的做法不同，西尔斯的经营场地大都是自己买的。在过去80年里，西尔斯在位置极佳的地方买了大量的商业地产。在2004年的时候，爱德华·兰伯特认为西尔斯的商业地产至少价值400亿美元。

正是看中了西尔斯背后的房地产和保险业务，爱德华·兰伯特重仓了这个公司的股票，并且从2005年开始担当这个公司的CEO，但因为没有百货行业的管理经验，他基本上把一个还算凑合的百货公司给直接玩死了。

背后有大量资产，但是业绩正在恶化的公司是投资里常提到的“价值陷阱”。因为公司的业绩恶化代表竞争力下降。一个竞争力正在下降的公司只要不立刻把它给关闭清算掉，很可能未来会持续烧现金流，从而大幅降低背后的资产价值。

这种情况完美地发生在了西尔斯身上。从2011年开始，西尔斯的经营性现金流就基本枯竭了。自此之后，西尔斯每年平均要烧掉15亿美元的现金，主要烧在经营性现金流的亏损、养老金的缺口和新业务的资本开支。

已经没有多少盈利能力的西尔斯如何支付每年15亿美元现金的开支呢？只能是发行新的债务和出售背后的商业地产。

烧钱时速

目前西尔斯还在烧钱，每年经营性活动要烧掉10亿美元左右，2015年更是烧掉了20亿美元，而公司现在的市值也不过是14亿美元。

因为是百年老店，西尔斯身上背负着巨大的养老金压力。西尔斯在计算养老金的负债时使用的折现率是7%，这主要是因为在过去30年里，美国的利率一直维持在2%~8%之间，导致大多数企业在估算养老金负债时都使用了较高的折现率。而在低利率环境下，要获得7%的固定投资收益非常难，因此就造成了养老金缺口。西尔斯预计2016年将为养老金缴款3.18亿美元，2017年缴款4.16亿美元。西尔斯在养老金方面面临巨大的压力。

西尔斯目前最大的价值是其持有的商业地产，大量的优质商业地产让西尔斯没有申请破产保护。西尔斯的商业地产大多集中在繁华地区，属于A类和B类商业地产。投资大佬布鲁斯·伯克威茨对西尔斯的净资产进行了估值，他认为西尔斯的总资产价值为280亿美元，其中包括商业地产157亿美元，旗下子公司价值51.5亿美元，存货和营收账款47亿美元等。保守估计，给布鲁斯·伯克威茨计算的总资产打个七折，即196亿美元。

西尔斯目前财报里写的账面负债是134亿美元。这样算下来，西尔斯的净资产价格大概是60亿美元左右，对应的每股价格是50美元左右。但目前西尔斯的股价是13美元，市值14亿美元。

市场给西尔斯14亿美元的市值不是完全没有道理。按照每年15亿美元的速度，再烧3年，西尔斯的净资产就是负的了。西尔斯公司是死是活也就是这三年的事情了。

西尔斯的管理层也发现了问题的严重性，于是他们决定从2016年第一季度开始关闭掉全部亏损的店面从而使经营性现金流不再是负的。如果能让经营性现金流不再为负，那么西尔斯公司的估值应该可能会开始靠近其净资产价值50亿美元。